農家に生まれて、農家の後継ぎとして、いろんなものを手作りして暮らしてきました。自分たちが食べる野菜やお米を育てるのと同じように、身の周りの生活必需品を自分たちで作るのは自然なことでした。

　思えば、父やおじ、祖父にいたるまで、みんなありとあらゆるものを作っていました。犬小屋や子どもたちに絵を教える小屋など……。時間とお金がないと、自然素材のものや、気に入ったデザインのものを諦めてしまう人も多いかもしれません。でも、自分の好みのデザインで、自分の生活に合ったサイズのものをつくることは、それを作る時間や、使う時間も、気持ちを豊かにしてくれます。作ることは特別なことではありません。とくに、なにかの専門家でなくても、自分で作ってしまったっていいのです。失敗することを心配せず、自分にぴったりな木工作品をつくってみてください。

丸林佐和子

Prologue
プロローグ

　無垢材でつくったものは、時間の経過とともに味わいを増していきます。傷や汚れも、すべて魅力になっていく。こうした家具は、手作りすれば費用を抑えられますし、自分で直したり、加工したり、再利用することもできます。

　私が家具を作るときは、最終の仕上がりの簡単な図は書きますが、デザイン・比率・サイズははっきり決めず、自分で「このくらいが気持ちがいい」と思えるバランスになるよう整えています。ただ、「どこに置くか」だけは考えておきます。

　また、この本では、難易度を5段階評価で紹介しています。初心者の方は、まずは簡単なものから挑戦してもらうと、仕組みと作り方を覚えられると思います。ピザ窯やウッドデッキといった、難易度が高そうに思えるものも、じつは、時間と労力を惜しまなければ、自分で作れてしまうんです。風合いのある、見た目にもかっこいいものにトライしてみましょう。手軽なスライド丸ノコがひとつあれば、できないことはありません。

石川 聡

Contents

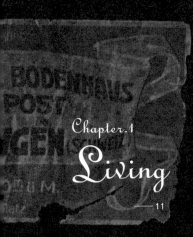

Prologue　プロローグ　2
Story　丸林さんちのいま　6

Chapter.1 Living —— 11

- 端材を使った味わい深いフォトフレーム　29
- アンティーク加工を施したガラス瓶の照明　30
- 飾って魅せるカフェのDMスタンド　32
- フォトフレームを利用した温室箱　33
- 掛け金付きの収納ベンチ　34
- お盆を使った丸椅子　36
- 壁面が広がるパーテーション　38
- グリーンのための三段棚　39
- アンティークの趣がある小さな水槽　40
- ワインボックスリメイクのストッカー　44

Chapter.2 Kitchen —— 47

- 角タイルを貼ったスパイスラック　58
- 開いて置けるブックスタンド　59
- ぬくもりのある古材と革のトレイ　60
- ふた付きのオープンシェルフ　62
- 用途いろいろな古材の踏み台　64

Chapter.3 Atelier —— 67

- 額縁を利用した装飾的な黒板　79
- 紙を平らに収納する棚　80
- テープ用の収納棚　81
- 収納たっぷり、フローリングのロフト　82
- 踏み板が広めのはしご　85
- 引き出し付きのオープンな本棚　86
- ディスプレイにもなるプリンタートレイ　87

Chapter.4 Garden —— 89

	誰でもつくれるウッドデッキ	102
	枕木とレンガでつくるステップ	106
	肩ひじを張らないパーゴラ	107
	錆びたトタン屋根の巣箱2種	110
	すべてが見渡せる道具小屋	112
	庭の主役になるレンガのピザ窯	120
	ビールがすすむレンガのバーベキュー炉	126
	折りたためるガーデンテーブル	128
	モルタル施工とレンガ積みのポイント	129
	折りたたんで運べる子ども小屋	130
	素朴な風合いのバラのアーチ	132

Chapter.5 DIY Basics —— 135

道具（基本の道具／あると便利な道具と工具／削る道具／塗る道具／木材／塗料）　136
基本の動作（切る／つなぐ／削る）　142
木材のサイズ・価格リスト　148

DIYが素敵なカフェに行こう　152
カフェ ラ ファミーユ／カフェ オチャノヴァ

Column 01　丸林さんちのヴィンテージコレクション　45
Column 02　丸林さんちの焼き物オーダーメイド　65
Column 03　ニューヨークの蚤の市でパーツさがし　88
Column 04　丸林さんちの階段コレクション　133

丸林さんちのいま

時間を経ていい味わいが感じられるようになった、いまの家が好き。

私たちが住む数種類のチョコレート色のレンガが外壁を彩る「レンガの家」。家の敷地内には、現在、2階建ての小屋やピザ窯、道具小屋、ふたつのウッドデッキ、花壇にバラのアーチなどが広がっています。二人で家を作ろうと決めた時点では、長い釘をまっすぐに打つ方法もわからなかった のでした。

結婚後、佐和子さんの実家の敷地に家を建てることに決め、最初に、私が家の図面をつくりました。あくまでこんな家が作りたいという夢のような図面です。夢をふくらませて向かった住宅展示場。二階建てのなんの変哲もない家を紹介され、私たちは大きなショックを受けます。ああ、これで一生ローンを組むのか……と。若い私たちは「お互いの年収を合わせても、到底思い描いたような家に住むことができそうにない」という「現実」に直面したのです。「家を買う」ということは、人生においてとても大きな買い物なのに、なぜか日本では、買った瞬間が一番いい状態で、だんだん価値が下がっていくのが常識になっています。買った時が一番価値がある家を買うのではなく、60、70年と長く住める、自分たちの好きな家を自分たちの手で作ろう！

できるだけ早く建て始めて長く住みたいと思った私たちは、ハーフビルドで家を建てることにしました。

Story
Marubayashi Family's DIY

　二人とも木工などほとんどしたことがなかった初心者。「児童館の木工室で、木工機械をさわったことがあるから作れるはず」と言う佐和子さんに、私（聡）は、もちろん最初は「作れるわけないじゃない」という反応でした。
　しかし、「木のキッチンがほしい」という一念で、ショップの家具をデザインしている方に教わりながら作ったのがはじまり。その方に、ジョイフル本田に一緒に行って、そろえるべき工具から板材まですべて選んでもらうところから家づくりがスタートしたのです。

　まずは、家を建てる材料を仕入れに、オーストラリアへ。オーストラリアでは、オーダーメイドで窓・ドアをつくるのが一般的。シドニーを拠点にして、いくつかの都市を回りました。現地でオーダーした材料を後日送ってもらい、家の材料は「施主支給」にしました。施主支給の場合、引渡し後に何か不具合が出てきても対応してもらえません。その場合にもう一度買うお金なんて当然あるわけもなく、かなりのリスクはあったのです。また、施主支給にしてしまうと、メーカーのほうも利益が少ないので、ふつうは応じてくれないのですが、営業の人に熱意があって、やってくれることになりました。

オーストラリアから送られてきた材料が依頼品とは色が違ったり、手に入れた外国製のドアが日本とは逆の内開きだったり、「木製の窓はサッシと違って隙間風や伸縮してたてつけが悪くなるし、使いにくくなるよ」と言われたり。初めてのことの連続で、ふつうの建売住宅なら起こらない、ありとあらゆる難問が待ち受けていた家づくり。けれど、建具屋さんや鍵屋さんなど、今では見かけることが少なくなったさまざまな職人さんが、集まってきてくれたのです。

まず、屋根・外壁・窓などの基礎工事をしてもらいました。外壁のレンガを貼る職人さんには、「レンガを平らに貼らず、でこぼこに貼ってほしい」と頼みました。プロの人にとって「モルタルをわざとはみ出して貼ってほしい」というお願いは、耐え難いことだったようだけれど、壁には思ったような味わいが出たと思っています。

家の骨格ができたら、内装は自分たちで。トイレとお風呂だけは作ってもらい、早速「レンガの家」に引っ越してきました。最も使うキッチンから作業を開始。キッチンだけ完成すれば、とりあえず暮らせるはず、と昼間は会社に行き、夜に少しと、主に休日を家づくりに費やす日々。水回り、壁のレンガ、床のテラコッタタイル貼り……時間がかかってもいいや、とコツコツ作りました。

家づくりを始めてすぐ、佐和子さんが妊娠・出産して、子育てをしながらの木工生活に突入しました。

Story

Marubayashi Family's DIY

　床に薄いベニヤ板を張り、その上を神の養生シートで覆い、ガムテープで止めたままで生活していたので、「この家には床がないの？」と娘の友達に言われたこともありました。

　半年後、ようやく最初に作り始めたキッチンが完成。きっと一年もあればすべて完成するだろうと思っていたのですが、とんでもない見込み違いでした。

　スタートから5年、リビングが完成します。数年ぶりに床の養生シートをはずして、とうとう床が現れたとき、「うちにも床があった！」と子どもが飛び上がって喜びました。子どもって、喜んだら本当に飛び上がるんですね。マンガみたいに（笑）。

　部屋は少しずつ仕上げていきましたが、どんどん増える木工道具・工具を収納するために、作業小屋を3年がかりで製作しました。家とドア、窓、そして外壁も自分たちで仕上げたこだわりの小屋。2階はアトリエになっています。

　その後、第二子の部屋の内装を完成させて、ようやく「レンガの家」の内装工事が一段落。仕上がったときには、壁の珪藻土・漆喰もだいぶいい色になっていました。

　庭にウッドデッキを作ったり、生活に必要な家具などを少しずつ自作している毎日です。

* 本書の作品は個人で楽しむために製作してください。販売などを目的とした製作は、かたくお断りしております。
* 作り方のページ内で、数字の単位を記載していないものは、すべてmm（ミリメートル）です。
* 材料のサイズは、厚さ×幅×長さです。
* 難易度……かなづちの数は、難易度の目安を5段階で表したものです。
* 制作時間と予算は、作品1点あたりにかかる時間と予算の目安を表記しています。
* 材料は、ホームセンターでもカットしてもらうことができます。（1カットにつき30円程度）
* 2×4材など輸入材は、ホームセンターによっては1mm程度の誤差があります。
* コメント……（佐）＝丸林佐和子さんのコメント、（聡）＝石川 聡さんのコメントを表しています。
* モルタル施工・レンガ積みなどの道具が必要なページには、詳しい解説（p.129）へのリンクをつけましたので、そちらをご参照ください。

staff

デザイン／藤崎良嗣　五十嵐久美恵 pond inc.
プロセス解説／石川 聡　丸林佐和子
図解イラスト／石川 聡
写真／トビタテルミ
取材／瀧本幸恵
校正／長澤 徹
撮影協力／古川 峻（p.100）
編集／別府美絹（エクスナレッジ）　北岡涼子

Chapter.1
Living

いちばん時間をすごす場所では、居心地のいいことが大切。
それがあることで、心地よくなる家具、
なじんでいく家具が多いかもしれません。
だから、つくる家具の色を合わせています。

リビングの家具を大きく分けるとしたら、
隠す収納と見せる収納。

かわいいものは、しまわずに見せる。
収納ベンチのような隠す収納家具には、
見せたくない雑多なものや、おもちゃなどを
放り込んでおけますね。

キッチンからの眺め。リビングは3階までの吹き抜け。高い天井には、大きなシーリングファンがゆっくり回る。ここから見える家具は、自作のものがほとんど。

白かった漆喰の壁は、時間が経って味わいのある色に。アールをとりいれた柱、角のやわらかいニッチ（壁の厚みを利用した飾り棚）がぬくもりを感じさせてくれる。こげ茶色の階段の踏み板や家具は飴色のいい艶が出ている。

一時期、ニッチにはまり、たくさんつくって好きなアンティークを置けるようにしました。作り方は簡単で、壁の石こうボードにドリルで穴をあけ、ジグソーで四角形にカット。これを板材で囲ってしまえばOK。最後は漆喰で仕上げます。壁に穴をあけるときは、ホームセンターに売っている間柱センサーで、筋交いや間柱のある場所を避けるとよいですよ。くれぐれも、電気の配線には気をつけて。(聡)

2階踊り場の腰壁に同じ要領で大工さんにあけてもらった穴。

吹き抜けのリビングの上は、手づくりの屋根裏部屋と天窓。屋根裏部屋を作るよりも、大面積の漆喰を塗るのがとにかく大変でした。天井はオイルステイン仕上げ。脚立をぐらぐらさせながら漆喰を塗ったのもいい思い出です。(聡)

家の中も外も、植物だらけ。とくに一番長く過ごすリビングには、潤いがほしくて、緑が増えてきました。なにもなくてさびしいな、と思う場所には、グリーンを置いています。小さい苗を買って、大きく育てるのが楽しみです。家も、植物も、時間をかけて育てていくことが好きなのです。(聡)

ガラス入りの蓋つきの箱に憧れます。ガラスの家具は作るのが難しいですが、市販品を使うことで、簡単に実現できます。今回は、100円ショップのフォトフレームを利用して作りました。少し板を斜めにカットして角度をつけたところが、かっこよく見えるポイント。今回はガラスに交換していますが、アクリルのままでも十分使用できます。ガラスにすると、長期間経っても曇ってこないのでおすすめです。(佐)

フォトフレームを利用した温室箱
→ p.33

Greenhouse Box

壁に積んだこげ茶色のレンガと、落ち着いた色のだるまストーブがしっくり合う。使い道のない小さな端材などを薪に使う。

Photo Frame

木工をやっていると、大小さまざまな端材が出ます。我が家の場合、多くは冬場にだるまストーブの薪にして暖をとっています。しかし、燃やすのは惜しい木材もあります。それは古材やチーク、ナラ材などの銘木の部類に入る端材。これらの色味や風合いは捨てがたく、いろんな再利用の方法があります。今回は100円ショップのフォトフレームに貼るだけで味わい深く変身する作品を製作してみました。（佐）

端材を使った
味わい深い
フォトフレーム
→ p.29

（左）くまのパペットは、佐和子さんの手作り。（右）ハスのドライフラワーなど個性的な花は、甘すぎず漆喰の壁との相性がいい。

Glass Bottle Lamp

イギリスに行くと、部屋中にいろんなランプがついていて落ち着きます。照明は、インテリアにはとても大切なもの。どんなふうに照明をつけるか。日本では、天井に明るい蛍光灯を1灯、というのが一般的だけれど、オレンジ色の弱い白熱灯の照明をいくつか使い分けることで、気持ちのONとOFFを切り替えることができます。リビングは落ち着く空間にもしたいんです。(佐)

> アンティーク
> 加工を施した
> ガラス瓶の照明
> → p.30

もはやDIYの定番となったメイソンジャーを使った照明。作り方と取り付け方を知っておくと、賃貸の方でも取り外して次の住居に持っていけるので便利ですよ。

飾って魅せる
カフェの
DMスタンド
→ p.32

Card Stand

なかよくさせていただいてるカフェ ラ ファミーユ（茨城県結城市、p.152 参照）の入口に、DMやカードを入れてある素敵な手作りの棚があって、いつも気になっていました。我が家にも、気がつけば多くのカードや絵本が……。それを美しく収納し、いつでも鑑賞できるよう、オーナーの奥澤さんに許可をもらって、同じように作ってみました。思ったよりもたくさんのカード類が収納できて、気に入っています。（佐）

Living 19

Storage Bench

掛け金付きの
収納ベンチ
→ p.34

友人に「マンションのベランダに、ガーデングッズを収納できるベンチがほしい。夏には、そこに座ってビールを飲みたい」と依頼され、つくりました。古材の蓋、黒と茶色のデザインは長く使っても飽きがこないのでオススメです。手前の金具にはアンティークの錠前などをつければ、デザインがぐっと引き締まります。しまっておきたいおもちゃなどを入れておくのにも便利。ぜひ試してみてください。（聡）

お盆を使った
丸椅子
→ p.36

丸椅子は前からつくってみたい家具でしたが、木材をきれいに丸く切るということが、私の技術では難しいのです。もともと丸くカットしてある木材がないか、ホームセンターなどで探してみましたが、適当なものが見つかりませんでした。そこで思いついたのが、『丸いお盆』です。無垢の木材のお盆を雑貨店（ナチュラルキッチン）で見つけ、それに脚をつけました。（佐）

お盆の丸椅子もかわいくできたのですが、さらにバージョンアップしたくて、布張りと革張りにチャレンジ。とても気に入った作品になりました。実際には合皮を使いましたが、お盆・木材・布・ウレタン・椅子鋲、全部合わせても1,000円かかりませんでした。いろんなアレンジを楽しめます。

Stool

Partition

パーテーションは、意外と使用範囲が広いアイテム。たとえば背を低くすればオフィスでも使えますし、カフェなどの仕切りに使えば空間の有効活用ができます。釘を打てない賃貸マンションでは、壁のコーナーにL字状に設置すれば、壁面にさまざまなものが飾れます。作り方はいたって簡単。ぜひチャレンジしてみてください。（佐）

壁面が広がるパーテーション
→ p.38

これは家具屋で購入した真鍮製の金具。金具だけでも味わいのあるパーツを使うと、全体が締まって見える。

金具やタオルハンガーを取り付けて、ちょっと床に置いてしまいがちなものも掛けておけるように。

飾りもアレンジ次第。

大きすぎる場合は、杉板を3枚に減らしたり、サイズを小さくしてもよさそう。

> **アンティークの
> 趣がある
> 小さな水槽**
> → p.40

撮影や取材のたびに困るのが水槽の見映えでした。プラスチックの枠や照明では、インテリア性に欠けるのです。いつかつくろうとデザインを温めていたところ、会社の同僚から「結婚式用に記帳台をつくってほしい」と頼まれました。「どうせなら日常でも使えるようにしっかりとつくってほしい」、「結婚したら熱帯魚を飼うつもりだ」といろいろ希望を聞かされて、考案したのが水槽机（右写真）。自宅用にもつくり、今回で三作品目になります。（聡）

Small Aquarium

アクアリウムは、18世紀にスイスの博物学者が円筒状のガラス容器に「ヒドラ」と呼ばれる無脊椎動物を飼ったことが始まりだそう（諸説あり）。この作品は電気が普及し始めた19世紀をイメージして製作しました。水槽用フィルターを箱に隠し、ゴムホースを銅管で隠し、ガラス容器を照らす照明台を製作する、見た目よりもシンプルな構造です。照明台はデスクライトで代用も可能ですよ。

ステンドグラスの光が美しい縦長の水槽は、置く場所に困らないスリムな設計に。下の扉に外部式フィルターが入っていて、ホースを取り外して掃除することができます。上のふたは開閉式なので、苔の掃除や水草のトリミングはここから。水槽も取り出して丸洗い可能。引き出しにエサやカルキ抜きなどを収納。

Plant Shelf

グリーンの
ための
三段棚
→ p.39

グリーンが増えてくると、
風通しと適度な日当たりを
確保できる場所は限られて
いるので、置き場所に困る
もの。そんなとき、3段の
棚があると便利です。(佐)

玄関ドアは、家を建てる前に、ジョイフル本田のアンティーク部門の倉庫で見つけた、ステンドグラスのついたドア。鍵がついてなかったので、鍵を作れる人をタウンページなどでいろいろ探して、職人のおじいさんに来てもらい、昔ながらの棒カギを作ってもらいました。「カギのすべりをよくするには鉛筆の芯をこすりつけるといいよ」とうれしそうに教えてくれた思い出。西洋の扉は日本と違って、内開きだったことなど、設置には想定外の苦労がたくさんありました。

玄関の長机や扉付きの靴箱など、目に入る家具は、すべて手作り。

室内に置いてタオルやおもちゃを収納してもいいですね。

ワインボックス
リメイクの
ストッカー
→ p.44

Vegetable Stocker

我が家の畑ではジャガイモや人参など、さまざまな野菜をつくっています。収穫した野菜を保管しておくケースとして、多くの農家ではプラスチック製の黄色や青のストッカーを使用していますが、機能優先でちょっと味気ない印象も。市販のワインボックスならば、手軽で、ビジュアルもよいので、こんなリメイク家具をつくってみました。ワイン箱を斜めに取り付ければ、ヨーロッパの市場のような見せる収納に。(佐)

ワインボックスは、蝶ナットで固定しているので、工具を使わずに取り外しができます。箱を1つだけ取り外してどこかへ運んだり、新しい箱に取り替えたりもでき、主婦にも便利に使えそうです。

端材を使った味わい深いフォトフレーム

製作時間：1時間　予算：100円　→ p.17

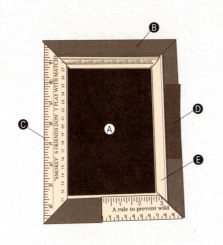

material
- A　100円ショップのフォトフレーム（厚12×幅174×長225）×1枚
- B　古材（厚14×幅18×長174）
- C　木製の定規（厚4×幅29×長225）×2枚
- D　錆びた鉄の板：端材（厚0.8×幅19×長92）×1枚
- E　モールディング（厚12×幅12×長84）×1枚

tool & other material
木工用ボンド

1　フォトフレームを選ぶ
フォトフレームは凹凸のない平らなものを選ぶ。装飾やモールディング加工されたものはNG。

2　端材を接着する
定規の両端を45度にカットし、ボンドでフレームに接着する。古材や鉄の板、モールディングを使うときは、ふぞろいの面白さを優先しながらつけていく。

 point　フォトフレーム製作のポイント

何を貼る？
茶系にまとめる場合は、作品例のような細かい流木や錆びた鉄の板を貼ると、落ち着いた大人の雰囲気が出ます。また、クリスマスリースのように「木の実」や「木の枝」などの自然素材も相性がよいと思います。シンプルに木の実やアンティークのスプーンなどを接着して飾るのがおすすめです。その他、フランスの古い雑誌の切り抜きや切手など、紙系でまとめるのも楽しいですね。

どんな写真を入れたらよいですか？
モノクロやセピアカラーの写真がよく合います。カラーでも古い色あせた写真であれば問題なく似合いますが、ポップで派手な世界観の写真はこのフレームには不向きかもしれません。

カラーのイラストを入れたい
そんなときは、フレームを塗装してください。そのイラストや写真でキーカラーとして使われている色に合わせるのがコツ。キーカラーがわかりにくい場合は、メインの人物や小物に使われている色にすると、うまくまとまります。

アンティーク加工を施したガラス瓶の照明

製作時間：2時間　予算：3,500円　→ p.18

material
A　メイソンジャー×1個
B　紐コード付き輸入照明と真鍮ソケット（E-17用）×各1個

tool & other material
バイメタルホルソー（26mm）／鉄工用ドリルオイル／ロウソク／
ビンのふた／センターポンチ／コネクタカバー／
丸型端子（アダプタのネジ径を要確認）

1　ふたにへこみをつける
センターポンチでふたの中央にへこみをつける。メイソンジャーのふたでも使用可能だが、今回は他の錆びたビンのふたを流用。

2　オイルをつける
金属に穴をあける際は鉄工用ドリルオイルを使用するとすべりがよくなる。

3　穴をあける
バイメタルホルソーを使用し、ふたに穴をあける。ポンチを使わないと不安定になるので注意。ドリルサイズはソケットに合わせる。

4　穴があいた状態
穴があいた状態。バイメタルホルソーはソケットの口径に合わせて購入する。オリジナル照明をつくれるようになるので用意しておくとよい。

5　ふたに取り付ける
ふたにソケットを取り付ける。使用している真鍮ソケットは、リングをねじ込んでふたをはさむタイプなので取り付けが簡単。

6　アダプタの形状
一般的なアダプタは画像のような形状をしており、これを天井の引っ掛けシーリングに差し込んで、ひねると取り付け・取り外しができる。

7　丸型端子がついているネジをはずす
アダプタ内部の丸型端子がついているネジをはずす。

8　アダプタのプラネジをはずす
B輸入照明に最初からついているプラスチック製のネジ（プラネジ）パーツをはずす。これは紐がある程度の過重に耐えられるように設計されているもの。

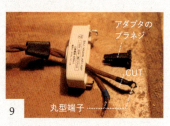

9　アダプタのプラネジを引き抜く
アダプタのプラネジをコードから引き抜く。紐コードの先についている丸型端子は不要なのでハサミで切り落とす。

> コード付き照明購入時のポイントは2つ。レトロな雰囲気を損ねない紐コードであること。そして、ソケット部分が電傘を交換できるネジで固定できるタイプであること。この2つが守られていれば簡単につくれます。

> まずソケットの口径に合わせたバイメタルホルソーを用意しましょう。アイデア次第でさまざまなオリジナル照明を製作することも夢ではありません。コネクタカバーを取り付ける過程をご紹介していますので、コードが長すぎて結んで調節している方、より完成度の高い仕上がりを希望される方もぜひトライして。

Glass Bottle Lamp

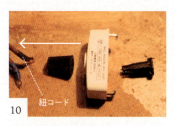

10 紐コードを引き抜く
アダプタから紐コードを完全に引き抜いた状態。

11 コネクタカバーに通す
コネクタカバーのプラネジAからナットをはずし、コードを通し直す。

12 ナットを取り付ける
コネクタカバーについていたナットをコードに通しコネクタカバーをプラネジAに固定する。プラネジBを締め付けるとコードに密着し、ずり落ちない。

13 アダプタにコードを通す
取り外しと逆の順番でアダプタに紐コードを通す。新しい丸型端子を準備。丸型端子はアダプタのネジ径にはまるサイズであることを確認してから購入する。

14 丸型端子を取り付ける
コードの紐の被覆をカッターで切り取り、ビニール線から真線をむき出しにする。新しい丸型端子を被せてペンチで圧着する。

15 アダプタを取り付ける
取り外しと逆の順番でアダプタのネジに丸型端子を固定する。

16 取り付け
アダプタを天井のひっかけシーリングに差し込み、ひねることで取り付け完了。コネクタカバーを押し上げてプラネジBをねじ込むと固定される。

17 アンティーク加工
ビンのアンティーク加工は、ロウソクをたらして拭きとると雰囲気が出る。とくにロゴなどの凹凸があると効果的。

コネクタカバー選びのコツ
コネクタカバーを選ぶ際は、天井のひっかけシーリングとアダプタが中に納まる大きさが必要。浅いタイプは取り付けてもカバーの意味を果たさないので要注意。

Living

飾って魅せるカフェのDMスタンド

製作時間：3時間　予算：3,000円　→ p.19

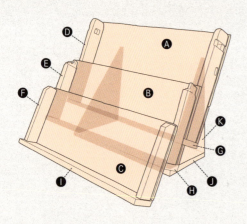

material
- A 背板：杉古材（厚8×幅290×長510）×1枚
- B 背板：松古材（厚11×幅200×長510）×1枚
- C 背板：杉古材（厚8×幅180×長510）×1枚
- D 側板：古材（厚17×幅51×長285）×2枚
- E 側板：古材（厚20×幅38×長195）×2枚
- F 側板：古材（厚16×幅37×長175）×2枚
- G 底板：古材（厚12×幅59×長510）×1枚
- H 底板：古材（厚15×幅50×長510）×1枚
- I 底板：古材（厚15×幅60×長510）×1枚
- J 底板：杉（厚12×幅170×長380）×1枚
- K 側板：杉（厚12×幅170×長320）×2枚

tool & other material
木工用ボンド／木割れ防止ビス

> 工程2では、倒れないように角材などを横に当て、ハタガネで固定するといいですよ。

1 ラック本体を作る
ADG、BEH、CFIをそれぞれ画像のようにボンドで接着し、裏面からビスで固定する。

2 台座を作る
K側板を斜めにカットし、J底板にボンドで接着。乾いたら裏面からビスで固定する。

3 台座を取り付ける
2で製作した台座を①中央に接着し、正面からA背→K側板にビスで固定する。②と③はGH底板に木割れ防止ビスで固定する。

4 パーツを接着する
3で組み立てた本体を平らな床に設置。③の下部を床に置きながら本体に接着。

5 完成
乾いたらビスで固定する。横から見た様子。入れたいものに応じてサイズを変えてもよい。

フォトフレームを利用した温室箱

製作時間：4時間　予算：3,500円　→ p.15

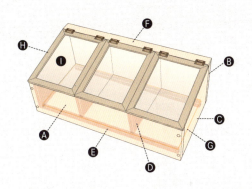

material

- A　正面板：SPF（厚19×幅140×長536）×1枚
- B　背面板：SPF（厚19×幅184×長536）×1枚
- C　側面板：SPF（厚19×幅184×長235）×2枚
- D　仕切り板：SPF（厚19×幅184×長235）×2枚
- E　ベニヤの押さえ：米松（厚12×幅12×長約512）×2本
- F　板材：アガチス（厚10×幅40×長536）×1枚
- G　底板：ベニヤ（厚3.6×幅235×長約512）×1枚
- H　100円ショップのフォトフレーム（厚8×幅178×長240）×3枚
- I　ガラス（厚2×幅146×長208）×3枚

tool & other material

木工用ボンド／ビス／木割れ防止ビス／釘／ダボ／蝶番×6個

※寸法に「約」がついている箇所は現物合わせ

1 側面板のカット

C側面板を写真のように斜めにカットする。

2 木枠を作る

A正面板、B背面板とC側面板をボンドで接着しビスで固定する。ビスの頭をダボで隠すときれいに仕上がる。※p.145参照

3 ベニヤの押さえを取り付ける

ベニヤの押さえを底面内側に接着し釘で固定する。

4 底板を接着する

G底板をボンドで接着する。

5 板材を天面に取り付ける

フレームを蝶番で取り付けるためのF板材をB天面にボンドと釘で固定。錆び釘を使うとアンティークらしい雰囲気に。

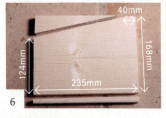

6 仕切り板のカット

D仕切り板を図のようにカットする。

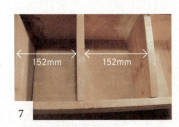

7 仕切り板を取り付ける

D仕切り板を写真のように接着し、側面と背面から木割れ防止ビスで固定する。

8 木枠のガラス扉を取り付ける

Hフォトフレームのアクリル板を外し、ガラスの板に取り替える。写真は金属製の爪を曲げてひっかけるタイプ。

9 蝶番で固定する

蝶番でガラス扉と本体を固定する。その際フレームをビスが貫通しないように注意。ビスは7ミリ以下がおすすめ。

掛け金付きの収納ベンチ

製作時間：10時間　予算：12,000円　→ p.20

material
- A 脚：赤松（厚38×幅42×長410）×4本
- B 本体枠（手前と奥）：赤松（厚38×幅42×長865）×4本
- C 本体枠（側面と補強材）：赤松（厚38×幅42×長175）×6本
- D 補強材：赤松（約厚38×幅42×長110）×4本
- E 天板：古材（厚20×幅80×長1,000）×1枚
- F 天板：古材（厚20×幅220×長1,000）×1枚
- G 底板：ベニヤ（約厚5×幅875×長195）×1枚
- H 板材（手前と奥）：SPF（厚19×幅235×長865）×2枚
- I 板材（側面）：SPF（厚19×幅235×長175）×2枚
- J モールディング（約厚15×幅15×長865）×2本
- K モールディング（約厚15×幅15×長175）×4本
- L モールディング（約厚15×幅15×長225）×6本

tool & other material
木工用ボンド／ビス／カクシ釘／ダボ／取っ手×2個／掛け金／蝶番×2個／開閉金具／釘

※寸法に「約」がついている箇所は現物合わせ

1 BCに溝を彫る
本体枠BCにH、Iの板材をはめるためテーブル丸ノコで溝引きを行う。

2 溝を彫った状態
幅20ミリの中に、深さ8ミリ程度の溝を5本ほど彫った状態。丸ノコがない場合は、10×10ミリ程度の角材でH、Iの板材を押さえる。

3 ノミで落とす
櫛状の余分な箇所をノミで落としていく。

4 板材をはめる
溝が完成したらHIの板材をはめて確認する。

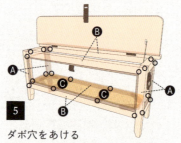

5 ダボ穴をあける
ダボでABCを接着するためABCの接着面にダボ穴をあける。ダボは2本ずつ使用するので、穴の数はAは4カ所×4、BとCは両端×2（p.145参照）。

6 脚を斜めにカットする
A脚の角を斜めにカットする（任意）。

7 HIの板材に接着する
H板材にB本体枠をボンドで接着し、乾くまでハタガネで固定。同様にI板材にC本体枠を接着する。SPF材は節が目立つため、ペンキなどで先に塗装しておくとよい。

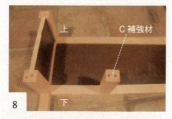

8 ダボを組み立てる
5であけたダボ穴で4面のパーツを組み立てる。C補強材2本も忘れずに取り付ける。

9 ダボをしっかり入れる
ダボの数が多いので入りにくい場合がある。組み立て時は捨て板をあてて大きめの金づちで叩き入れ、ハタガネで密着させる。

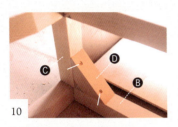

10　D補強材をビスで固定する

D補強材を45度にカットし、ボンドとビスで固定。あらかじめビスの下穴をあけておくと作業しやすい。

11　底板をカットする

G底板を現物合わせでカットする。A脚の角があたるので、4辺をカットする必要がある。底板をボンドと釘で（内部上面から）固定する。

12　モールディングを取り付ける

JKLモールディングを現物合わせでカットし、ボンドとカクシ釘で固定する。

13　蝶番の位置を決める

E天板の側面端から150ミリの位置に蝶番をあてカッターで強めに印を付ける。

14　蝶番のための溝を彫る

ノミで蝶番を取り付けるための溝を彫る。蝶番と同じ厚み、もしくはその1.5倍彫るとよい。

15　蝶番を取り付ける

蝶番を両端に取り付ける。ビスははじめ2本のみ取り付け、開閉を確認してから残りの1本を取り付ける。

16　E天板を接着する

E天板を木枠天面にボンドで接着する。

17　E天板を固定する

真鍮マイナスネジを使うとアンティークの雰囲気が出る。ない場合は椅子鋲などで隠すと雰囲気が出る。

18　F天板を取り付ける

F天板をE天板の蝶番に取り付ける（F天板の彫り込みは行わない）。3ミリ程度のベニヤを挟み、ハタガネで固定して取り付けるのがコツ。

19　開閉金具を取り付ける

開閉金具をF天板とC本体に取り付ける。右用と左用があるので取り付けの際は注意（なくても問題はない）。

20　取っ手を取り付ける

取っ手をサビカラーで汚し、両側面に取り付けると雰囲気が出る。

21　掛け金を取り付ける

掛け金はなくてもよいが、南京錠が付けられるので貴重品などをしまう際に重宝する。

お盆を使った丸椅子

製作時間：3時間　予算：1,000円　→ p.21

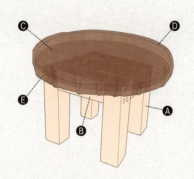

material
A　脚：赤松（厚38×幅38×長160）×4本
B　横材：赤松（厚38×幅38×長95）×4本
C　市販の木製お盆（厚20×直径265）×1枚
D　型綿シート：ポリエステル綿（厚35×幅400×長さ400）×1枚
E　合皮（直径約400）×1枚

tool & other material
木工用ボンド／ビス／ハサミ／カッター／ガンタッカー／ダボ

※寸法に「約」がついている箇所は現物合わせ

1　ABの角材を接着する
ABの角材を写真のようにボンドで接着する。ボンドが乾くまで放置する。

2　ダボのための下穴をあける
ダボでビスの頭を隠すための穴をあける。ダボ用の深さを一定にできるドリルビットを使用すると作業しやすい（任意）。

3　穴あけの位置
A脚に写真のようにビス同士が干渉しない位置に穴をあけるのがコツ。

4　ビスで固定する
あけた穴にビスをねじ込んで角材同士を固定する。

5　ダボを差し込む
ダボ用の穴にボンドを入れ、ダボを差し込む。

6　ダボの切り落とし
ボンドが乾いたらダボの頭をノコギリで切り落とし、ヤスリをかける。

> あとからの解体はできないので、先に座ったときのガタつきなどがないことを確認してね！

7 型綿シートに写す

Cお盆を6の脚に接着しビスで固定したら、D型綿シートの上に置き、マジックなどでお盆の型を写す。

8 型綿シートを切る

D型綿シートをカッターなどで丸く切り抜いて、お盆の上にのせる。

9 丸みをつける

ハサミで型綿シートをカットし、天面に丸みをつける。

10 合皮を切る

合皮の上に椅子をひっくり返して置き、合皮を6センチほど大きめに丸く切り取る。

11 ガンタッカーで固定する

型綿シートを置き、合皮を折り込みながらガンタッカーで固定していく。時計の12時の位置を固定したら反対側の6時、3時→9時と進めていくのがコツ。

12 たるみをなくす

強めに引っ張りながら固定するとたるみやシワができにくくなる。全部留めたら完成。

point 好きなファブリック、革などを使って、いろんな柄の椅子を作ってみて！

壁面が広がるパーテーション

製作時間：4時間　予算：9,000円　→ p.22

material
- A　木枠（縦）：米松（厚38×幅38×長1780）×6本
- B　木枠（横）：SPF（厚38×幅89×長530）×9本
- C　飾り板：杉（厚13×幅90×長605）×6枚
- D　板：杉（厚12×幅150×長1630）×12枚

tool & other material
木工用ボンド／ビス／蝶番×3個／飾り蝶番×2個／飾り鋲×36個

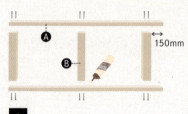

1 枠を組み立てる
AB木枠をボンドで接着し、横からビスで固定する。これを3組つくる。

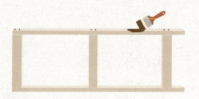

2 塗装する
今回のように2色で仕上げる場合は、あらかじめAB木枠やC飾り板を塗装しておく。これはバターミルクペイントを使用。

3枚板のパーティションは、かなりの重量があるので注意。
D板を3枚に減らして幅を狭くするか、2枚板のパーティションにすると運びやすくなります。

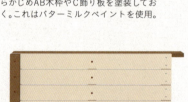

3 杉板を取り付ける
2の枠にD板をボンドで接着し、釘で固定する。中央の枠には飾り鋲を付けるのでビス1本で固定する。

4 飾り板を取り付ける
塗装したC飾り板を両端に接着し、D板の幅の中心に1カ所ずつビスで固定する。

5 飾り鋲を取り付ける
飾り鋲とD板の中央に、ビスの隣にドリルで下穴をあけ、飾り鋲をビスの頭が隠れるように叩き入れる。

6 飾り蝶番を取り付ける
蝶番は「飾り蝶番」を使用し、隙間をあけて手前に折りたたむ。これはC飾り板があるのでふつうの蝶番だと閉じないため。

7 蝶番を取り付ける
もう一方は、ふつうの蝶番を使用し、山折りに折りたたむ。

グリーンのための三段棚

製作時間：3時間　予算：2,500円　→ p.26

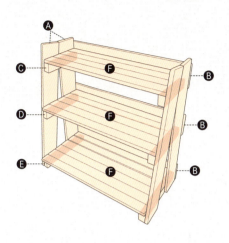

material
- A　側面板：杉（厚13×幅90×長約600）×4本
- B　裏板：杉（厚13×幅90×長630）×3本
- C　支え板：米松（厚28×幅38×長約180）×2本
- D　支え板：米松（厚28×幅38×長約230）×2本
- E　支え板：米松（厚28×幅38×長約280）×2本
- F　棚板：エゾ松（厚14×幅40×長600）×15枚

tool & other material
タイトボンド／木割れ防止ビス／サビ釘

※寸法に「約」がついている箇所は現物合わせ

1　側面板をカットする
A側面板を設置時に手前になる方が斜めになるように並べ、脚が水平になるようにカットする。もう1セットも同様に。

2　C支え板を取り付ける
C支え板をA側面板にタイトボンドで接着する。その際、側面板の奥になる方は垂直になるように注意する。

3　DE支え板を取り付ける
同様にDE支え板を取り付け、左右を完成させる。屋外で使用する場合は、タイトボンドを使用して耐久性を高める。

4　裏板を取り付ける
3で製作した側面板2枚をB裏板にタイトボンドで接着する。長いハタガネがあると固定するのに便利。

5　F棚板を取り付ける
F棚板をE支え板にタイトボンドで接着し、木割れ防止ビスで固定する。

6　F棚板を取り付ける
F棚板をD支え板にタイトボンドで接着する。木割れ防止ビスで固定する。

7　木割れ防止ビスで固定する
2段目まで接着が完了したら、垂直に注意しながら側面板と裏板を木割れ防止ビスで固定していく。

8　棚板を釘で固定する
目につきやすい箇所は釘の方が見映えがよいので、3段目の接着が乾いたら、サビ釘で固定する。

9　塗装して完成
塗装には隙間専用の道具があるのでおすすめ。塗装にはキシラデコールを使用した。

アンティークの趣がある小さな水槽

製作時間：3日　予算：25,000円　→ p.26

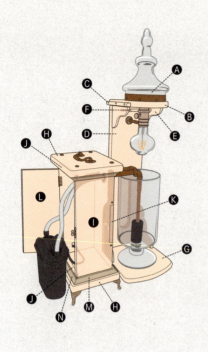

material

A	円形板	アガチス（厚10×直径130）×1枚
B	天板	レッドシダー（厚17.5×幅140×長約200）×1枚
C	角材	チーク（厚10×幅10×長約140）×2本
D	背板	SPF（厚19×幅205×長550）×1枚
E	支え材	レッドシダー（厚17.5×幅100×長約80）×4枚
F	丸棒	マホガニー（直径10×長約125）×1本
G	台座	古材（21×幅205×長約205）×1枚
H	天板・底板	古材（厚21×幅160×長230）×2枚
I	側板	杉（厚12×幅120×長320）×2枚
J	角材（天面・底面）	米松（厚16×幅16×長170）×2本
K	背面板	杉（厚12×幅194×長320）×1枚
L	扉	杉（厚12×幅167×長約285）×1枚
M	モールディング	（厚12×幅12×長約160）×4本
N	モールディング	（厚12×幅12×長約230）×4本

tool & other material

エデニック シェルト V3（水槽用フィルター）／
Neverland Beauty 電球ソケット／キャニスター／
銅管（12.70）（15.88）×各1本／銅管エルボ90度（19.05）×2個／
締め座金（MB140A-2-13）×2個／オスアダプター（M154-15.88）×2個／
鉄の板（20×約450mm）／パワートーチ＆カセットガスボンベ／
フラックス／ハンダ／コタツ用の紐コード（1.5m）／
ステンドランプ用ヒートキャップ（38mm）／木工用と金属用ボンド／ビス／
カクシ釘／取っ手／掛け金／蝶番×4個（30×20mm）／椅子鋲×4個／
猫足の金具×4個／ゴム足×2個／真ちゅう製のワイヤーブラシ／
ステンドグラス用飾りループ／マイナスネジ

※寸法に「約」がついている箇所は現物合わせ。

1　円形板に穴をあける

A円形板中心に電球ソケットが納まる直径13.5ミリの穴をあける。板を紙にあてて同サイズに切り、2つ折りにすると中心が求められる。

2　電球ソケットのサイズ

電球ソケットの軸はビスなどでの固定ができないので、別商品を取り付ける際は、きつめにはまるように穴のサイズを確認すること。

3　鉄製の板を巻く

キャニスターのふたがずれて落ちないように、鉄製の板を取り付ける。等間隔で下穴をあけ、ビスで固定していく。

4　天板を固定する

B天板をジグソーで3より一回り大きく丸くカット。A円形板をB天板にボンドで接着し、ビスで固定する。中心に13.5ミリのドリルで穴を貫通させておく。

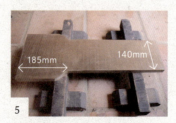

5　背板をカットする

D背板を写真のようにカットする。スライド丸ノコとジグソーを使用する。

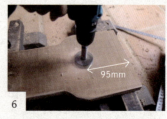

6　穴をあける

D背板の左右中央に直径50ミリの穴をあける。これは窓辺でビオトープや観葉植物などを育てる使い方も考慮して光を採り込むため。任意。

手に入りにくいパーツはインターネットでの画像検索やオークションでの購入がおすすめ。

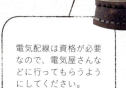

電気配線は資格が必要なので、電気屋さんなどに行ってもらうようにしてください。

Small Aquarium

7 スライド丸ノコでカットする
D背板に直径50ミリの穴を2カ所あけ、スライド丸ノコで穴と穴の間をカットする。完全にはカットできないので、残りはノコギリでカットする。

8 台座をカットする
G台座の角をゆるめのカーブでカットする。さしがねを曲げて線を引くと、楽にカーブが描ける。

9 台座に印をつける
キャニスター本体が安定するようにG台座に穴をあける作業。まずキャニスターを置いて円を鉛筆でなぞり、カッターで切り込みを入れる。

10 台座を浅く彫る
ルーターを使い、カッターで入れた溝からはみ出さないように慎重に彫り込む。深さは4〜5ミリ程度。

11 支え材をカットする
E支え材をジグソーや糸ノコ盤でこのようにカットする。

12 支え材を取り付ける
D背板をG台座にボンドで接着し、ビスで固定する。E支え材を接着し、裏面から木割れ防止ビスで固定する。

13 丸棒を取り付ける
E支え材をD背板上部にも取り付ける。補強のため、F丸棒をマイナスビスで固定する。穴をあけてはめ込む際は、木割れしやすいので注意。

14 コードを取り付ける
電球ソケットを分解し、コードを取り付ける。コタツ用の紐コードは赤いので、染色に使う茶色の染料で染めると落ち着いた雰囲気になる。

15 配線する
2で貫通させた穴にコードを通して電球ソケットをはめ、A円形板、B天板に再度配線用の穴をあけて配線する。

Living

16 ヒートキャップを取り付ける

さらにD背板に穴をあけ、配線を後ろに出す。ステンドランプ用ヒートキャップを取り付けると雰囲気が出る（お好みで）。

17 C角材を取り付ける

C角材をB天板の両サイドにボンドとマイナスネジで取り付ける。

18 天板を取り付ける

B天板をD背板に蝶番で取り付ける。メンテナンスの際に照明が邪魔になるので天板を開閉式にしている。

19 ゴム足を取り付ける

蝶番の厚み分、ふたを閉じると水平が取れない問題が発生するので、ゴム足を取り付けるとよい。Eの上部に穴をあけ細い釘で補強すると安定する。

20 コンセントを取り付ける

コンセントに紐コードを通し、コンセントを取り付ける。レトロなデザインに合うコンセントを選ぶと雰囲気が出る。

21 フラックスを塗る

銅管を約120ミリにカット。ワイヤーブラシでロウ付けする箇所を磨く。接続箇所にフラックスを塗る。21〜23の作業で2個用意する。

22 ロウ付けする1

銅管、銅管エルボー、オスアダプターを接続する。まずパワートーチで10〜15秒加熱する。

23 ロウ付けする2

次に、ハンダをつなぎ目にあて隙間に一周流し込んでいく。

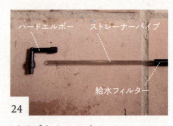

24 パイプをカットする

キャニスターをセットし、水槽に付属のストレーナーパイプ（透明）の長さを決めてノコギリなどでカットする。長さ約170ミリ。

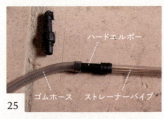

25 エルボーのカット

付属のハードエルボーをノコギリなどでカットし、付属のゴム製の透明ホースとストレーナーパイプを装着する。22〜23で製作した銅管にホースを通す。

26 銅管を接着する

ハードエルボーを隠すため15.88の銅管（長さ50ミリ）を用意し、金属用のボンドで接着する。ロウ付けはホースが溶けるのでNG。

27 パイプを隠す

パイプを12.70の銅管（長さ147ミリ）でカバーすると汚れが隠せる。銅の殺菌効果がバクテリアに悪影響を及ぼす可能性があるので、任意。

28 切り欠き

ケースを作る
I側板とK背面板を用意し、ボンドで固定して写真のような箱を製作する。切り欠きを入れて組むと強度が上がる。

29

猫足を取り付ける
猫足の金具をH台座の裏面にビスで固定する。高級感が増すのでおすすめ。

30

組み立てる
G台座に28で製作したケースをボンドで接着。裏面からビスで固定する。J角材を上下に接着し、両側面からビスで固定。

31 締め座金

背面板に穴をあける
K背面板にオスアダプターが入る穴をあける。直径20ミリ程度。銅管をセットし、締め座金で背面板の内側から固定する。

32 L扉

蝶番を取り付ける
L扉を用意し、蝶番を取り付ける。扉側は蝶番の厚みの分、1〜2ミリ程度ノミで彫り込む。ラッチ付きの取っ手を取り付ける。

33

飾りループを取り付ける
飾りループをB天板に取り付ける。チェーンをふたに巻いて飾りループに固定すれば落下防止になる。

34

H天板を取り付ける
H天板をケースに接着しビスで4カ所を固定する。

35

H底板を取り付ける
H底板を34と同様にケースに接着しビスで4カ所を固定する。

36

椅子鋲を打つ
H天板に打った4カ所のビスを隠すため、椅子鋲を打つ。

37

コンセント用の穴をあける
I側板に水槽用フィルターのコンセントを出す穴をあける。ドリルで穴を2カ所あけて、ノミで間を落とすと簡単。

38 ストレーナー用スポンジ

スポンジを取り付ける
付属の外部ストレーナー用スポンジを取り付けてキャニスターにセットする。底面のくぼみにぴったり納まるので中央の位置に安定する。Hに取っ手をつけるとおしゃれ。

39 N 排水 給水

モールディングを接着する
MNモールディングを現物合わせでカットして木工用ボンドで接着。カクシ釘で固定して完成。アンティークのメーターを取り付けると雰囲気が出る。

ワインボックスリメイクのストッカー

製作時間：2時間　予算：3,000円　→ p.28

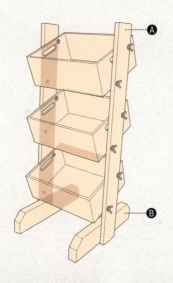

material
- A　側板：SPF（厚19×幅89×長890）×2枚
- B　脚：SPF（厚38×幅89×長450）×2枚

tool & other material
木工用ボンド／ビス／ワイン箱（高130×幅360×奥260）×3箱／六角ボルト（M10 ネジ部分40mm）×12個／蝶ナット（M10）×12個／ワッシャー×12個

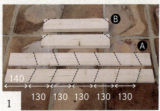

1 墨付け
B脚にカットする墨付けを行う。A側板にワイン箱を取り付ける位置に、墨付けを行う。

2 脚のカット
B脚の角を斜めにカットする。

3 脚をビスで固定する
B脚の中央にA側板をボンドで接着し、木割れ防止ビスで固定する。

4 ワイン箱をあてる
墨付けを行ったラインに3つのワイン箱をあてがって、ハタガネで固定する。

5 ドリルで下穴をあける
蝶ナットが入る穴（直径12ミリ）を2カ所ずつ貫通させていく。ワイン箱の取っ手部分に重ならないように注意。

6 下穴の位置
A側板に合計6カ所の穴があいた状態。反対面も同様に穴をあける。

7 六角ボルトを差し込む
ワイン箱の内側から六角ボルトを差し込んでいく。

8 蝶ナットで固定する
ワッシャーをかませ、蝶ナットを締めて固定する。

9 組み立てと分解
同様に他のワイン箱も取り付け、ボルトで固定し完成。蝶ナットを使用しているので、使用しない時は取り外して保管できる。

column ① 丸林さんちのヴィンテージコレクション

古い道具は、実際に使えなくても、夢があってわくわくします。わたしは、腕時計の中に入っている真鍮の歯車などを、佐和子さんはタイプライターやアコーディオンなど鍵盤系のものをついつい集めてしまいます。今のようにデジタルではないので、作りが簡単なものなら、修理してもらって使うこともできます。(聡)

TOMBOのアコーディオン。鳴らない音もあるが独特の音色が楽しい。

日本製の電話機。

ロシア製の電話機。

昔の冷蔵庫。DVDと、14型の小さなテレビを入れている。アンテナをつなげてあるので、ふたを開けたら見ることもできる。

アンティークかと思いきや、手づくりのアロマランプ。電球の熱で香りを拡散させる。

column 01 丸林さんちのヴィンテージコレクション

会社の先輩にもらった木製のレジスター。

ニッチは、アンティーク小物の特等席。アイビーなどを垂らしてもおしゃれ。

ガスで温める古いアイロン。陶器製なのでかなり重たい。

小さいお客さんが来ると、必ずカチャカチャ遊ぶタイプライター。

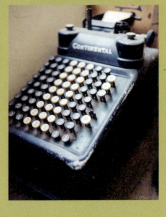

鉄製で、長く使えるようにしっかり作ってある古いレジスター。レシート用の紙も当時のまま残っている。

電話機。壁付けの照明は、絵画以外に、雑貨などをライトアップするという用途もある。

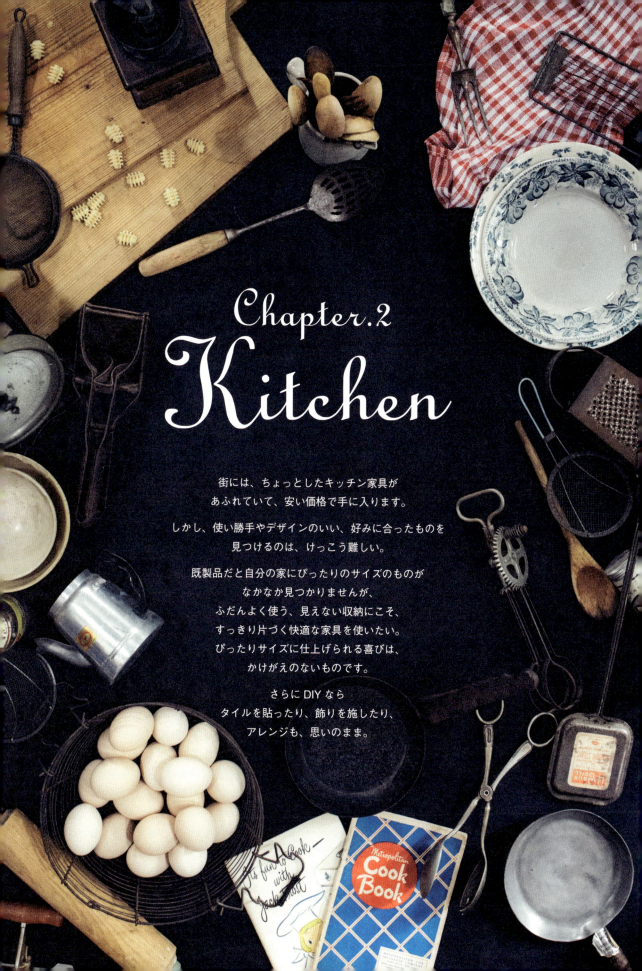

Chapter.2
Kitchen

街には、ちょっとしたキッチン家具が
あふれていて、安い価格で手に入ります。

しかし、使い勝手やデザインのいい、好みに合ったものを
見つけるのは、けっこう難しい。

既製品だと自分の家にぴったりのサイズのものが
なかなか見つかりませんが、
ふだんよく使う、見えない収納にこそ、
すっきり片づく快適な家具を使いたい。
ぴったりサイズに仕上げられる喜びは、
かけがえのないものです。

さらにDIYなら
タイルを貼ったり、飾りを施したり、
アレンジも、思いのまま。

角タイルを貼った
スパイスラック
→ p.58

みんなが帰宅するのが見えるカウンター側の席が、気がつくと、佐和子さんの定位置に。工作の作業は、いつもここで。

アンティーク加工を施した
ガラス瓶の照明
→ p.30

カウンターの棚として渡している古材は、佐和子さんの実家にあった足場板に、ほぞをつくってはめこんだもの。柱は、納屋を解体したときに出たもの。柱の丸みに沿って、天板をジグソーで丸く切るのが大変だった。カウンターの裏面には、引き出しがついている。

ふた付きの
オープンシェルフ
→ p.62

開いて置ける
ブックスタンド
→ p.59

Kitchen | 49

朝、キッチンの窓から陽の光が入ってくるのがとても好きです。キッチンの壁のレンガ貼りから家づくりを始めたので、愛着もあるのですが、わたしがここで過ごす時間が一番長いこともあるかもしれません。床を張って、キッチンのシンク、上の棚、カウンターにいたるまで、ここにあるものはすべて自分たちでつくりました。棚なども、無垢の木さえ使っていれば、必要なときにあとから棚を付け足すことができます。(佐)

(上)手作りしたディッシュラックは、ラック部分に水に強いチーク材を用いた。曲線を使用したことで、優雅な印象を与える。上にはスパイスが載せられるつくり。(右)カップ収納棚は、栃木県鹿沼市にあるカフェ、アンリロで使われていた家具を、許可をもらって作ったもの。扉部分に45度切り(p.143参照)した板を使用して高級感を出した。

(上)窓辺では、木のカトラリー類、よく使うトングなどのシルバー系を、それぞれ取りやすい位置に収納。

Spice Rack

少し大人な雰囲気の調味料入れを探してみたのですが、なかなか気に入ったデザインがなく、自分でつくることにしました。甘くない雰囲気のタイルを貼り、引き出しの板は古材を使っています。アンティークの缶に中身を入れ替え、キッチンの統一感を整える。そんなちょっとした工夫が毎日を楽しくしてくれます。(佐)

角タイルを
貼った
スパイスラック
→ p.58

一見、飾るためのブックスタンドと思われるかもしれませんが、以前から、実用書を見ながら何かを作るとき、ページをあけたままにしておくための、実用的なブックスタンドがあればいいなあと考えていたのです。簡単で、見映えがよく、さらにコンパクトなブックスタンド。置きたい本に合わせて、いろんなサイズをつくってみてください。(佐)

アンティークのダイニングテーブルは、使い込むうちに、表面に傷や汚れがついて、さらに味わい深くなってきた。新品の既製品のテーブルだと気になってしまう小さな傷やしみも、古材なら目くじらを立てなくていい。ヤスリで磨いたり、塗料を塗ったりという日常のメンテナンスも、アンティーク好きの楽しみのひとつ。

| 開いて置ける
ブックスタンド
→ p.59 |

Book Stand

聪さんがお気に入りの道具でコーヒーを淹れて、佐和子さんがひと息いれるのが、いつもの風景。

Wooden Tray

ぬくもりのある
古材と革の
トレイ
→ p.60

素朴でぬくもりのある木のトレーを探していたのですが、なかなか気に入ったのが見つからない。「仕方がない。自分でつくるか」と思うことが木工を始めてから増えた気がします。最近は、買ったほうが安くすむことも多いのですが、「まあいいか」と妥協してしまうと、あとで飽きがきたり、壊れたりで後悔することも。革の持ち手なんて、耐久性を考えたらなかなか踏み切れない素材ですし、古材の併用だって木工家から見れば安っぽいかもしれない。どうせなら全部チーク材でつくる方がこだわりのものづくりだという意見もあるでしょう。それでも、自分でつくったからこそ修理が効くし直せる。そんな自由なものづくりが、理想だったりします。(聡)

ふた付きの オープン シェルフ
→ p.62

「壁面が殺風景だな」と思ったらシェルフをつくってみると、いろんな物が飾れて、素敵な空間に生まれ変わります。我が家ではアンティークや食器、観葉植物が増えてきて、飾る棚がなくなったので壁面にこんなシェルフを作ってみました。ものが飛び出さないようにストッパーを取り付けました。ふたの中には、見せたくないものを収納できます。とはいえ、壁面収納はやりすぎると圧迫感が出てしまうので、ほどほどが肝要です。(聡)

Kitchen Wall Shelf

キッチンの壁には、昔の道具がずらり。デザインさえ気に入れば、用途・国・年代にこだわらない。大きいハサミだなあと思って買って帰ったら、羊の毛を刈るためのものだったことも。高価なものではなく、昔ふつうの人が使っていた、素朴な道具が好き。

> 用途いろいろな
> 古材の
> 踏み台
> → p.64

Step Stool

踏み台以外にも、グリーンを飾る際にちょっと高さを出すときの台としても使えますし、作業用の腰掛けとしても使えます。応用次第でいろいろと使えるアイテムですね。(佐)

キッチンの裏口から出て、畑で採れた野菜を運ぶ。

（左）昔、理容室でくしなどを消毒していた殺菌灯つきの消毒器を、食器棚として利用している。（上）ロジェールのガスコンロ。昔ながらのホウロウの風合いが可愛らしい。フランス製。

角タイルを貼ったスパイスラック

製作時間：4時間　予算：3,500円　→ p.52

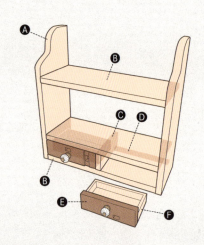

material
- A 側板：SPF（厚19×幅140×長400）×2枚
- B 棚板：SPF（厚19×幅140×長370）×3枚
- C 仕切り板：SPF（厚19×幅140×長54）×1枚
- D 押さえ材：SPF（厚16×幅16×長約170）×2本
- E 化粧板：古材（厚16×幅52×長約172）×2枚
- F 100円ショップの木箱（高43×幅171×奥91）×2個

tool & other material
木工用ボンド／ビス／木割れ防止ビス／取っ手／
白タイル（15×15）×90個（10×10）／
茶透明MIXタイル（10×10）／
タイル用ボンド／タイル用目地材／スポンジ

※寸法に「約」がついている箇所は現物合わせ

1　側板をカットする
A側板を写真のようにジグソーで波状にカットする。

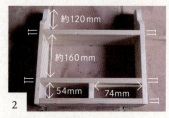

2　組み立て
A側板、B棚板、C仕切り板をボンドで接着し木割れ防止ビスで固定する。Fの木箱を棚板に並べてそれに合わせて横幅、仕切り板の高さを設計するのがコツ。

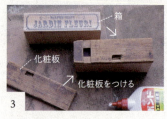

3　化粧板を取り付ける
E化粧板をF箱の底面に合わせてボンドで接着する。組み立てた引き出しスペースに入れてEが干渉しないかを確認。

4　穴をあける
取っ手のネジが入る下穴を引き出しの中央にあける。

5　取っ手を取り付ける
取っ手を取り付ける。

6　塗装する
バターミルクペイントで塗装する。乾いたら角などをサンダーで削るとアンティークの雰囲気が出る。

7　タイルを貼り付ける
お好みでタイルを並べて幅と奥行きの納まりを確認したら、タイル用ボンドで接着する。

8　目地材を入れる
目地材をタイルの隙間にゴムベラで入れていく。半乾きの状態になったら、スポンジで表面を軽く拭き取り、きれいにする。

9　押さえ材を取り付ける
引き出しを入れた状態で、裏面からD押さえ材を接着する。

開いて置けるブックスタンド

製作時間：3時間　予算：2,500円　→ p.53

material
A　背板：杉古材（厚8×幅220×長435）×1枚
B　台：赤松（厚15×幅45×長435）×1本
C　支え：赤松（厚15×幅45×長155）×2本
D　支え：赤松（厚15×幅45×長340）×2本
E　丸棒（直径10×長65）×2本

tool & other material
木工用ボンド／木割れ防止ビス／蝶番×2個／鎖（長約80）／ダボ／ヒートン（接合金具）×2個

※寸法に「約」がついている箇所は現物合わせ

1　台に穴をあける
B台の左右にE丸棒が入る直径10ミリ、深さ6ミリの穴をあける（貫通させてもよい）。

2　丸棒を接着する
穴の内側にボンドをつけ、E丸棒をはめ込んで接着する。

3　支えをボンドで接着する
CD支えを用意し、画像のようにボンドで接着する。

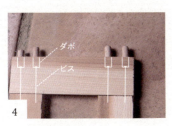

4　ビスで固定する
3で製作した支えの側面にダボ隠し用の穴をあけてビスで補強。ダボを接着してボンドが乾いたらダボの頭をノコギリで落とす。

5　背板に取り付ける
A背板の下部に2で製作した台をボンドで接着し、乾いたら裏面から5カ所ほどビスで固定する。

6　蝶番を取り付ける
支えをたたんだ時にA背板と下がそろうように調整して取り付ける。ヒートンを4の支えと背板の中央下部に固定し、鎖を取り付ける。

point
料理の際にレシピ本を立てかけて、見たいページを固定するのに便利。使用しないときは、支えをたたんでしまっておけます。また、ポストカードなどを飾っておくのも素敵な使い方ですね。

ぬくもりのある古材と革のトレイ

製作時間：5時間　予算：3,000円　→ p.54

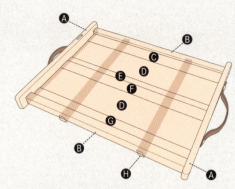

material
- A　本体枠（側面）：古材（厚15×幅45×長380）×2本
- B　本体枠（手前と奥）：古材（厚19×幅30×長450）×2本
- C　天板：米松（厚12×幅43×長450）×1本
- D　天板：杉（厚13×幅90×長450）×2枚
- E　天板：古材（厚13×幅17×長450）×1本
- F　天板：赤松（厚15×幅38×長450）×1枚
- G　天板：赤松（厚15×幅30×長450）×1枚
- H　補強材：レッドシダー（厚10×幅20×約長400）×2本

tool & other material
タイトボンド／木割れ防止ビス／革紐（厚3×幅15×長230）／飾り鋲or椅子鋲×4個／蜜蝋ワックス

※寸法に「約」がついている箇所は現物合わせ

1　C〜G天板を接着する
CDEFG天板の側面にタイトボンドを塗り、それぞれを接着する。

2　C〜G天板に溝を彫る
スライド丸ノコで1の裏面に溝を彫る（任意）(p.147参照)。両端から150ミリの位置に2カ所。H補強材がはまるように幅20×深さ6ミリに設定。

3　ノミで整える
櫛状の余分な部分をノミで整える。※トリマーやルーターがあれば、そちらを使用するほうが効率がよい。

4　B本体枠を切り欠く
B本体枠にH補強材をはめるための切り欠きを行う。両端から150ミリの位置に2カ所。幅20×深さ8ミリ。

5　H補強材のはめ込みを確認する
H補強材とB本体枠が天板にきちんとはまるかを確認。

6　天板にH補強材を固定する
H補強材を天板CDEFGにタイトボンドとビスで固定する。ビスが天板を突き抜けないように短い木割れ防止ビスを使用するとよい。

7　B本体枠を接着する
製作した6の天板にB本体枠をタイトボンドで固定する。隙間ができないようにハタガネで圧着する。

8　B本体枠をビスで固定する
BからC天板へ、BからG天板へ側面から固定する。木割れ防止ビスが斜めにずれないよう水平に注意。

9　H補強材をカットする
はみ出しているH補強材をノコギリで切り落とす。こうすると見た目がきれいに整う。

Wooden Tray

裏面

作る前にあらかじめ表面を塗装しておくと、貼り合わせの面白さが際立ちます。

point いろんなタイプの端材を組み合わせた、寄せ木のような楽しさ。この要領で、椅子やテーブルを作ったりもできますね。端材の有効利用ですが、幅をそろえる必要があるので、既製品よりひと手間多くかかります。

10 A本体枠を固定する
B本体枠と同様、天板にA本体枠をタイトボンドとビスで固定する。

11 革紐を固定する
A本体枠に革紐をビスで固定する。2カ所固定することで強度を確保。

12 飾り鋲で装飾する
飾り鋲でビスを隠し、装飾する。

13 たるみをつけて固定する
手で握れるようにほどよくたるみをつけて反対側も同様に固定する。

14 ヤスリがけ
サンダーなどで全体にヤスリがけし、触り心地のよい木肌に整える。

15 ワックスをかける
蜜蝋ワックスで全体をきれいに拭きあげて完成。蜜蝋ワックスは少量を薄くのばして使う。

Kitchen | 61

ふた付きのオープンシェルフ

製作時間：8時間　予算：6,000円　→ p.55

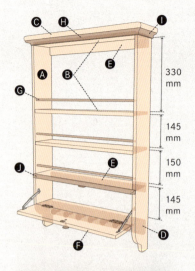

material
- A　側板：SPF（厚19×幅140×長1000）×2枚
- B　棚板：SPF（厚19×幅140×長600）×5枚
- C　棚板：サクラ※杉野地板でも可（厚22×幅175×長705）×1枚
- D　補強材：SPF（厚19×幅64×長600）×1枚
- E　補強材：赤松（厚15×幅38×長600）×2枚
- F　扉：レッドシダー（厚17×幅140×長598）×1枚
- G　丸棒：ラミン（直径12×長約620）×3本
- H　モールディング：（厚23×幅23×長約700）×1本
- I　モールディング：（厚23×幅23×長約200）×2本
- J　モールディング：（厚20×幅17×長700）×1本

tool & other material
木工用ボンド／ビス／木割れ防止ビス／カクシ釘／ダボ／木製取っ手×7個／マグネットラッチ／蝶番×2個／開閉金具×2個／アンティークつまみ／間柱センサー

※寸法に「約」がついている箇所は現物合わせ

1　間柱を探す
設置箇所の壁内にある間柱を「間柱センサー」を使って確認。ビスで左右2カ所固定できる位置を探す。鉛筆などで印を付けておく。

2　補強材を仮留めする
E補強材を壁面に仮留めし、1で付けた印を目安にビスで仮固定。オリジナルサイズにしたい場合はここで縦横の寸法を決めるとよい。

3　側板を処理する
A側板の下部を写真のような形状にジグソーでカットする。ベルトサンダーでカット面に丸みを付けると柔らかな印象に仕上がる。

4　丸棒用の穴をあける
ドリルを使いA側板にG丸棒が入る穴をあける。深さは約10ミリ程度。丸棒は現物合わせでカット。B棚板の接着面の位置に印を付けておくと便利。

5　木製取っ手を取り付ける
D補強材にドリルで穴をあけ、木製取っ手をボンドで接着する（取っ手はお好みで）。

6　組み立てる
ABDEGをボンドでそれぞれ接着し、ハタガネで固定。2色にする場合はこの時点で塗装しておくとよい。乾いたらAにBの2、3、4段目を木割れ防止ビスで固定。

7　棚板をビスで固定する
B棚板の1段目と5段目は、強度を高めるために、木割れ防止は使わず通常のビスで固定。

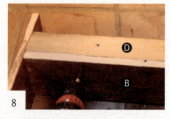

8　D補強材を固定する
6が乾いたらBとDを木割れ防止ビスで固定する。側面も同様に固定する。

9　E補強材を固定する
8と同様に、EをBの1段目と4段目に木割れ防止ビスで固定する。側面も同様に固定する。

10

角を丸める

C棚板を用意し、手前両角を斜め45度にカットし、カンナやベルトサンダーなどで丸める。

11

棚板を固定する

6で製作した本体にC棚板をボンドで接着し、乾いたら裏面からビスで固定する。

12

モールディングを取り付ける

HIモールディングの両端を現物合わせで45度にカットし、ボンドで接着する。乾いたらカクシ釘で補強する。

13

蝶番の取り付け1

F扉の裏面に蝶番を取り付ける。羽根の肉厚分もしくは1.5倍程度ノミで彫り込む。

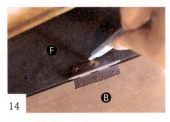

14

蝶番の取り付け2

本体下部のB棚板側も同様に彫り込み、蝶番を取り付ける。ビスは1カ所のみ固定し、スムーズな開閉を確認してから残りを固定する。

15

マグネットラッチを取り付ける

本体下部のB棚板の裏面にマグネットラッチの磁石本体をビスで固定し、F扉裏面に鉄の板を固定する。下にアンティークつまみを取り付ける。

16

開閉金具の取り付け1

扉を棚として使用できるように、上記のように開閉金具を左右に取り付けると使うときに便利。購入の際は右用と左用があるので注意。

17

開閉金具の取り付け2

棚板仕様にすることで、扉の厚さ分が手前に出る構造。

18

モールディングを取り付ける

Jモールディングの両端を現物合わせで45度にカットしてボンドで固定。デザイン的な見映えもよく、ホコリも防ぐ。

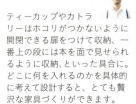

point

ティーカップやカトラリーはホコリがつかないように開閉できる扉をつけて収納、一番上の段には本を面で見せられるように収納、といった具合に。どこに何を入れるのかを具体的に考えて設計すると、とても贅沢な家具づくりができます。

用途いろいろな古材の踏み台

製作時間：2.5時間　予算：2,000円　→ p.56

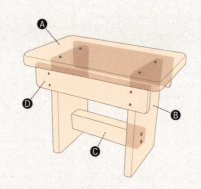

material
- A　踏み板：古材（厚20×幅190×長300）×1枚
- B　脚（手前と奥）：古材（厚20×幅135×長210）×2枚
- C　補強材：米松（厚28×幅45×長170）×1本
- D　補強材：赤松（厚15×幅45×長250）×2枚

tool & other material
木工用ボンド / 木割れ防止ビス

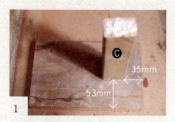

1　脚と補強材を接着する
B脚とC補強材を木工用ボンドで接着する。

2　ボンドを乾かす
ボンドが乾くまで自立しにくいので、端材やハタガネを利用しながら行うとよい。

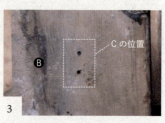

3　補強材をビスで固定する
ボンドが乾いたらB脚とC補強材の接合をビスで固定する。

4　補強材を取り付ける
D補強材を表・裏の両側にボンドとビスで取り付ける。

5　踏み板を取り付ける
A踏み板を4の脚にボンドとビスで取り付ける。ビスは片側2本ずつ程度。

6　ヤスリがけ
サンダーなどで全体をヤスリがけし、触り心地のよい木肌に整える。ベルトサンダーを床置きして使用すると角を丸めやすい。

point
高い場所にあるものを取るのに便利な踏み台は、構造がシンプルなため、初心者には入りやすい木工だと思います。古材は好みがわかれるので、新しい板材でも問題ありません。

column 02 丸林さんちの焼き物オーダーメイド

木製のキッチンにはステンレスのシンクは似合わないから、水周りには手仕事感のある焼き物のシンクを合わせたくて、家を建てる前から洗面ボウルや蛇口、照明などを少しずつ集めていました。1の手水鉢を作っている窯元にシンクをオーダーして2を作ってもらいました。

1 野菜洗い用の手水鉢。信楽焼の窯元から取り寄せてはめ込んだもの。モノトーンの花柄が美しい。

2 図面を送って引き受けてもらったシンク。天板のナラ材の重厚感に負けない存在感が気に入っている。

column 02 丸林さんちの焼き物オーダーメイド

棚やガラス戸を自分たちで作って設置。

木製のルーバーシャッターはオークションで入手。

メキシコタイル

引き出し付きの洗面台も手作り。

洗面所のタイルの絵柄とそろえた洗面器。鳥が描かれた磁器はメキシコのもの。蛇口は真ちゅう製。

Chapter.3
Atelier

佐和子さんの仕事が造形作家なので、
文房具や道具を収納するための家具は必需品。

ものを探しまわらなくてすむように、
何をどこに収納しているかが
ぱっと見てすぐにわかるものを作ります。

モールディングなどの飾りはしませんが、
キャスターをつけたり、
実際に収納するものの大きさに合わせたり、
使い勝手のよさを追求してみました。

アトリエのある作業小屋は、三角屋根に、小さな窓をいくつも埋め込んだ珪藻土の壁、アンティークのガラス窓が美しいチョコレート色の両開きの扉に、テラコッタタイルのたたきからなる。基礎工事と軸組みを大工さんに依頼し、それ以外は、母屋では技術的にかなわなかったことをすべてやろうと2年がかりで取り組んだ、こだわりのつまった小屋。

atelier

もうひとつの小さな扉。
レンガのアーチは、作り方さえわかればできる。
(参考→ p.120のピザ窯の作り方)

古い外国製のドアを購入したのだけれど、両開きのドアは、扉と扉の間からすきま風が入るので、噛み合わせができるように自分で加工し直した（外国製の扉を購入するときは、注意が必要）。蝶番を逆向きにして、外開きにしたり、アンティークのドアノブをつけかえたり、窓を自作したりした。

塗料などを並べた造りつけの4段の棚。何がどこにあるか一目でわかる。棚を製作したあとで壁面に設置。重すぎてはめるのに苦労した。

2階への階段の吹き抜けもニッチの棚として活用。大容量の収納を実現している。

聡さんが細かい作業をする机は、カフェなどにもたまに見かける、実用的でシンプルな長机、横長の机は、ものがいくらでも置ける気がして好きなんだそう。もちろんお手製。

何かを作るときは、最終の仕上がりをイメージした簡単な図を描いてみる。作りながら自分で気持ちのよいバランスにしたいので、作る前に細かい図面を引かず、デザインや比率をみながら、あとから整えていく。見た目に違和感がなく、しっくりくるデザインを大切にしている。

内開きの木製窓はすべて自作。デザイン性の高いレトロガラスは、ステンドグラスの専門会社から購入してはめ込んだ。

紙を平らに
収納する棚
→ p.80

額縁を利用した
装飾的な黒板
→ p.79

テープ用の収納棚
→ p.81

天板をワインボック
ス2つの上にのせた
簡単なローテーブル。

（左）ガラス扉に額縁を流用したジュエリーケース。バターミルクペイントにオールクラップアップでレトロなひび割れ塗装にしている。（下）ガーデンの連載で作った土ふるいを壁にかけて小物を飾るスペースに。

atelier

工作の仕事のために、家には
たくさんの紙ものが。いつか
Ａ３サイズが収納できる棚を
つくろうと考えていました。
キャスターで移動できるので
便利だし、色別に収納できる
仕切りがたくさんあるので、
とっても使いやすいです。(佐)

紙を平らに
収納する棚
→ p.80

Paper Storage

Blackboard

黒板は、作りたい人が多く、我が家でも何度かご紹介してきたアイテムです。黒板スプレーの存在も広く知られるようになってきました。今回は、装飾にこだわった黒板のつくり方をご紹介します。黒板にモールディング（装飾用の造作材）を貼ることで、アンティークな雰囲気のインテリアにも、違和感なく溶け込むアイテムに変身します。（佐）

モールディングを
施した
装飾のある黒板
→ p.79

Duct Tape Storage

テープ用の
収納棚
→ p.81

仕事柄さまざまなテープが増えて、探し出すのにどうしても時間がかかってしまいます。棚にディスプレイ感覚でテープを飾れたら、便利で、なによりかわいいですね。シンプルに棒に通すだけだから簡単！ 必要な長さを引き出して、ハサミで切って使って。（佐）

atelier

Bookshelf

引き出し付きの
オープンな
本棚
→ p.86

子ども部屋の壁に造りつけた本棚。引き出しもついています。学生のころ、安い本棚を買ってしまった経験があります。それは合板に木目の化粧プリントを施した商品でした。画集をしまうためだったのですが、本が重くてどんどん反ってくる。無垢の板なら3分の1の金額でこんなに簡単につくれるのに！と、当時の私に言いたくなります。（聡）

Ladder

踏み板が
広めの
はしご
→ p.85

はしごは難易度が高そうに見えますが、つくってみると、工程数が少なくて意外と簡単。ロフトに使う以外に、壁面全部を本棚にした図書館のような部屋にも利用できます。

ポイントは、踏み板の幅を広くとる設計にしていること。昇り降りの際、足裏にかかる負担が少ないので楽。

Wooden Loft

収納たっぷり、
フローリングの
ロフト
→ p.82

引渡しの際、コストダウンのため石膏ボード現しのまま、しばらく放置していた2階の部屋。ロフトを寝床にすれば部屋を広く使えるなと思いつき、天井を取り外すことからスタート。ビスがむき出しだったので、間柱の位置がわかりやすく、天井の解体も簡単でした。(聡)

atelier

Printer Tray

立てて、
物を飾っても。

プリンタートレイとは、活版印刷の時代に活字体を収納していた引き出し。細かい仕切りが特徴で、小物を収納するのに便利なため、アンティーク商品として根強い人気を誇ります。しかし、あまりに細かい仕切りのため、収納できる小物が限定されてしまい、使い勝手は微妙な面もあります。ですから、これをオリジナルサイズでつくれれば素敵ですね。趣味の時計やジュエリーの収納棚に、お店の人は商品の什器など、用途は広がります。(聡)

> ディスプレイ
> にもなる
> プリンタートレイ
> → p.87

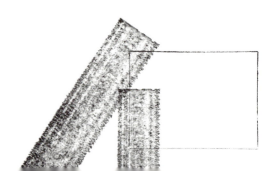

額縁を利用した装飾的な黒板

製作時間：4時間　予算：3,000円　→ p.75

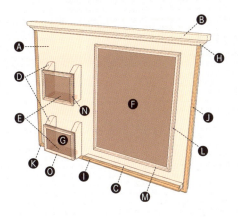

material

- A 本体：パイン集成材（厚19×幅450×長600）×1枚
- B 天面板：赤松（厚15×幅45×長640）×1枚
- C チョーク台：赤松（厚15×幅24×長355）×1本
- D 収納側面：赤松（厚19×幅38×長125）×4枚
- E 収納底面：赤松（厚19×幅38×長95）×2枚
- F 黒板：ベニヤ（厚5.2×幅290×長360）×1枚
- G 収納前板：ベニヤ（厚5.2×幅100×長133）×2枚
- H モールディング：（厚15×幅15×長600）×1本
- I モールディング：額縁用T字形（厚8×幅16×長355）×1本
- J モールディング側面：額縁用（厚8×幅13×長435）×2本
- K モールディング下面（厚8×幅13×長600）×1本
- L モールディング黒板側面：額縁用（厚7×幅14×長360）×2本
- M モールディング黒板上下面：額縁用（厚7×幅14×長290）×2本
- N モールディング収納側面：額縁用（厚7×幅14×長100）×4本
- O モールディング収納側面：額縁用（厚7×幅14×長133）×4本

tool & other material

木工用ボンド／木割れ防止ビス／黒板スプレー

1 前板を作る

NOモールディングの角を45度にカットし、G収納前板にボンドで接着する。これを2個制作する。

2 収納を作る

D収納側面の板を写真のように斜めにカットする。

3 本体を作る

A本体にB天面板をボンドで接着。乾いたらHモールディングの両端を現物合わせで45度にカットし接着する。

4 装飾する

JKモールディングを仮置きし、下部を45度にカットする。乾いたらボンドで接着する。

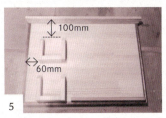

5 組み立てる

D収納側面とE収納底面を本体に接着し、裏面からビスで固定する。同様にCチョーク台を下部にボンドで接着し木割れ防止ビスで固定する。

6 前板を接着する

塗装を行い、1で制作した前板を収納部にボンドで接着する。

7 黒板を取り付ける

Fベニヤを黒板スプレーで塗装し、乾いたらA本体に接着する。LMモールディングを接着する。同様にCチョーク台にIモールディングをボンドで接着して完成。

モールディングを貼ったアンティークな雰囲気のインテリア。額縁用のモールディングは画材・額縁屋さんなどで手に入ります。

紙を平らに収納する棚

製作時間：5時間　予算：11,000円　→ p.74

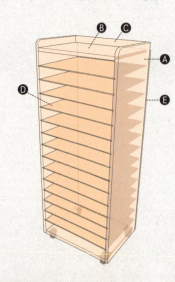

material
- A　側板：パイン集成材（厚19×幅330×長1,120）×2枚
- B　棚・底板：パイン集成材（厚19×幅330×長430）×2枚
- C　奥板：赤松（厚19×幅38×長430）×1枚
- D　仕切り板：ベニヤ（厚3.6×幅330×長440）×14枚
- E　背板：ベニヤ（厚3.6×幅468×長約1,087）×1枚

tool & other material
木工用ボンド／ビス／釘／ダボ／キャスター×4個

※寸法に「約」がついている箇所は現物合わせ

1　側板に溝を引く

A側板にスライド丸ノコで溝を引く（p.147参照）。D仕切り板が入る幅4〜4.5ミリの溝を引くため、丸ノコを2回スライドさせる必要がある。

2　側板・棚・底板・奥板で箱をつくる

A側板、B棚・底板、C奥板を用意し、★部分を写真のようにボンドで接着し、箱をつくる。乾くまで左右からハタガネで押さえる。

3　ダボ隠し用の穴をあける

ボンドが乾いたら、側板側から2の★部分にダボ隠し用の穴を上下3カ所ずつあけ、ABCをビスで固定する。穴にボンドを入れ、ダボをはめていく。もう一方の側板も同様に。

4　ダボの頭を落とす

3ではめ込んだダボの接着が固定したら、ノコギリでダボの頭を落とし、ヤスリをかける。

5　背板を取り付ける

4を塗装したらE背板を背面にボンドで接着し、乾いたら釘で固定する。A側板の上の両角を丸める。D仕切り板を押し込む。

6　キャスターを取り付ける

底面にキャスターをビスで取り付ける。手前2個をストッパー付きにすると固定できるので便利。

A3サイズはもちろんA4サイズを2列に並べて収納できるので、収納力もたっぷりです。

テープ用の収納棚　製作時間：4時間　予算：2,000円　→ p.75

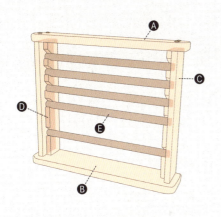

material
- A　天板：ヒノキ（厚28×幅90×長540）×1枚
- B　底板：ヒノキ（厚28×幅110×長540）×1枚
- C　側板：SPF（厚19×幅89×長410）×2枚
- D　掛け板：SPF（厚19×幅64×長410）×2枚
- E　丸棒：SPF（直径24×長約460）×5本

tool & other material
木工用ボンド／木割れ防止ビス／飾り鋲×4個

※寸法に「約」がついている箇所は現物合わせ

1 位置を決める
C側板にE丸棒と収納したいテープを仮置きし、位置を決める。

2 掛け板を加工する
1の位置に合わせ、D掛け板に直径26ミリのドリルで写真のように左右対称に穴をあける。

3 斜めにカットする
スライド丸ノコなどで60度程度の角度つけ穴に合わせて切り込みを入れていく。次にこれをガイドにノコギリでカットする。

4 CとDを接着する
D掛け板の切り口をやすりなどできれいに整えたら、C側板にボンドで接着する。

5 AとBを接着する
4で製作した掛け板をA天板、B底板にボンドで接着し、ビスで固定する。天面は飾り鋲でビスの頭を隠す。

6 ヤスリがけをする
サンダーなどで全体をヤスリがけし、触り心地のよい木肌に整える。

point テープのサイズは幅広から小さなものまでいろいろ。自分で設計するから、使いやすく整理して見せることができる棚です。

収納たっぷり、フローリングのロフト

製作時間：5日　予算：25,000円　→ p.77

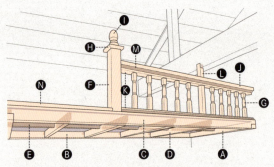

material
- A 壁面側板：SPF（厚38×幅89×長1,305）×2枚
- B 壁面奥板：SPF（厚38×幅89×長2,580）×1枚
- C 角材：杉（厚90×幅90×長2,580）×1本
- D 横板：SPF（厚38×幅89×長約1,245）×4枚
- E 補強材：米松（厚38×幅38×長約2,540）×1本
- F 親柱：杉（厚90×幅90×長540）×1本
- G 小柱：階段用（厚38×幅38×長700）×5本
- H 傘（厚35×幅132×長132）×1枚
- I ポストキャップ：（厚80×幅80×長142）×1個
- J 笠木：米ヒバ（厚35×幅110×長1,800）×1枚
- K レール：赤松（厚45×幅55×長1,800）×2本
- L 補強材：赤松（厚45×幅55×長550）×2本
- M モールディング（厚15×幅15×長1,800）×4本
- N 見切り材：赤松（厚24×幅105×長約700）×1枚

※寸法に「約」がついている箇所は現物合わせ

tool & other material
木工用ボンド／ビス／カクシ釘／ダボ／フローリング材（ナラ）厚15×幅90×長1,820／間柱センサー／構造用合板（厚9×幅910×長1,820）×3枚

1　下準備
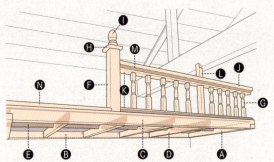
窓上の高さにロフトを作るため天井を取り外し、屋根に断熱材を施工。アイジャクリ加工の野地板で化粧を施す。天井を取り外す人は必要な工程。

2　壁面奥板を加工する
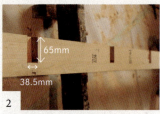
B壁面奥板にD横板をはめ込むため、深さ20ミリ程度の溝をルーターで加工する。C角材も同様に加工する。

3　壁面側板を加工する
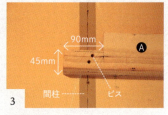
A壁面側板にC角材をのせるため、写真のようにL字に加工。間柱センサーで壁内部の柱の位置を確認し、ボンドとビスで固定する。

4　板材を取り付ける

加工したAB板材を窓上に固定する。間柱すべてにビスでしっかりと固定。

5　角材を取り付ける

C角材の両端を3同様にカットし、A壁面側板にビスで固定する（手前中央に柱を設置して強度を確保すべきか、作りながら検討）。

6　横板を取り付ける

BC材にD横板をはめ込み、カットする箇所に印をつける。建物は歪みがあるので、現物合わせのほうが納まりがよい。

7　横板をカットする

丸ノコの刃を25ミリ出し、D横板をハタガネで固定。4本まとめてカットする。点線部はノコギリでカットすることで時間短縮。

8　補強材を取り付ける

E補強材をD横板の中央にのせ、印をつけて38ミリの深さで仕口をつくる。これも現物合わせで取り付ける。

9　補強材を固定する

E補強材を木工用ボンドとビスで固定する。

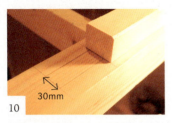

10

親柱のホゾ組み1

F親柱をC角材にはめ込むためのホゾ穴を彫る。まず30ミリずつ分割して墨つけを行う。位置は左端から700ミリ。

12

親柱のホゾ組み2

ドリルを深さ40ミリに設定し、C角材にホゾ穴をあけていく。最後にノミで整える。

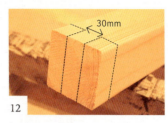

12

親柱のホゾ組み3

F親柱に墨つけを行い、ノコギリで点線部分をカットする。

13

親柱のホゾ組み4

F親柱にボンドを付けて11のホゾ穴にはめ込み、ビスを両側から斜めに打って固定する。

14

補強材を設置する

L補強材を天井の梁に固定して、より強度を高める。仮置きして手すりに組み込むための寸法出しを行う。

15

小柱を準備する

G小柱は階段やウッドデッキに使用する輸入品を使用。木工旋盤という工具があれば自作も可能。

16

小柱をカットする

G小柱を半分にカットする。

17

溝を彫る

G小柱をはめ込むため、深さ5ミリ程度の溝をKレールにルーターで彫る（任意）。ルーターがない場合は木工用ボンドとビスによる固定でもよい。

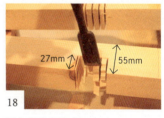

18

切り欠きを施す

KレールにL補強材を噛み合わせるための仕口をつくる。同様にL補強材にも仕口をつくる。

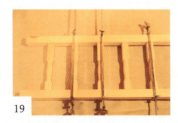

19

接着する

G小柱に木工用ボンドを付けてKレールの55ミリの面に等間隔で接着する。ハタガネで固定するとより密着する。

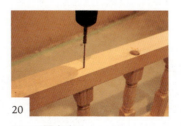

20

ビスで固定する

ボンドが乾いたらビスで固定する。

21

接着する

KレールにL補強材の仕口を木工用ボンドで接着する。

22 笠木を接着する

J笠木にL補強材を貫通させる四角い穴をドリルであけて接着。穴は11で行った方法で可能。垂直に穴をあける時は両面からあけていく。

23 笠木にビスを打つ

笠木は両側面からビスを斜めに打って固定する。工程27でMモールディングでビスを隠すと見映えがよくなる。

24 構造用合板を貼る

構造用合板をボンドでABDE(床)に接着し、ビスで固定する。電気屋さんにあらかじめ配線とスイッチを依頼しておくと使い勝手がよい。

25 補強材を梁に固定する

梁にL補強材を接着しビスで固定する。

26 手すりを固定する

23で完成した手すりをF親柱にビスで固定。C角材にも23同様に斜めにビスを打ってMモールディングで隠す。

27 モールディングを接着する

Mモールディングをボンドで上下に接着し、カクシ釘で固定する。

28 ポストキャップを取り付ける

H傘、Iポストキャップを取り付ける。

29 見切り材を取り付ける

N見切り材をダボとボンドでCに取り付ける。

30 フローリングに下穴をあける

フローリングの裏にボンドをつけて合板と接着。200ミリ間隔で噛み合わせの出っ張り部分に斜めの下穴をあけていく(硬い材は釘が入らないので)。

31 フローリングを固定する

フローリングを釘で固定していく。釘の頭はポンチで叩き入れる。フローリング材は伸縮や反りであばれることがあるので、釘打ちは念入りに。

32 フローリングを調整する

最後はロフトに合わせてフローリングの縦引きが必要になることもある。逆に微妙に足りない場合は壁面に見切り材を取り付けてもよい。

踏み板が広めのはしご

製作時間：6時間　予算：13,000円　→ p.76

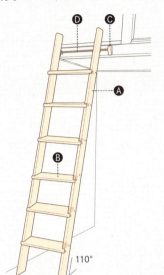

material
- A　側板：杉（厚27×幅105×長2290）×2枚
- B　踏み板：タモ（厚22×幅135×長450）×6枚
  （※硬い木がおすすめ）
- C　受け：タモ（厚22×幅45×長90）×2枚
- D　丸棒：マホガニー（厚15×幅15×長550）×1本

tool & other material
木工用ボンド／ビス／ダボ／椅子鋲×24個／真鍮のフック×2個

1　踏み板をカットする
B踏み板はA側板から30ミリ手前に出るので工程2と3で両端の耳部分の加工を行う。

2　踏み板の耳を加工する
踏み板の耳部分はのこぎりで110度にカットする。

3　接着する
立て掛けたときA側板が床にしっかり接するよう110度にカット。側板とB踏み板をボンドで接着していく。段差は270ミリ程度に設定。

4　ビスで固定する
B踏み板をA側板からビスで固定する。余力があればA側板にルーターで溝を彫り、踏み板と噛み合わせると強度が高まる。

5　受けを加工する
はしごを引っ掛けるバーを製作する。まず丸棒の受けを写真のような形状に糸ノコなどでカットする。

6　穴をあける
上部は目立たないのでビスで固定してダボで隠す。下部はダボで接着する。Dの丸棒は鉄製のものを使用してもよい。

7　受けを取り付ける
ロフトの入口にC受けをダボで固定。乾いたら上部にビスを打って固定する。

8　フックを取り付ける
はしごを立てかけてみて、フックの位置を確認して取り付ける。

9　完成
塗装して椅子鋲でビスの頭を隠したら完成。

引き出し付きのオープンな本棚

製作時間：5時間　予算：5,000円　→ p.76

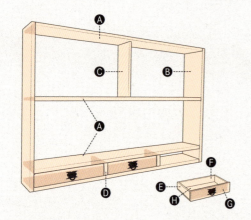

material
- A　横板：杉（厚24×幅210×長1311）×4枚
- B　側板：杉（厚24×幅210×長900）×2枚
- C　仕切り：SPF（厚19×幅184×長365）×1枚
- D　仕切り：杉（厚24×幅210×長78）×2枚
- E　木枠（側面）：米松（厚15×幅70×長182）×6枚
- F　木枠（手前と奥）：米松（厚15×幅70×長390）×6枚
- G　前板：古材（厚18×幅75×長424）×3枚
- H　底板：シナベニヤ（厚2.3×幅182×長420）×3枚

tool & other material
木工用ボンド／ビス／木割れ防止ビス／釘／取っ手×3個

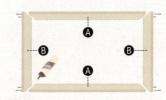
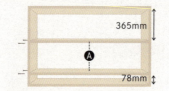
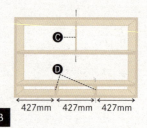

1 枠をつくる
A横板（枠用）とB側板を木工用ボンドで接着し、乾いたら2、3本ずつ木割れ防止ビスで固定する。

2 棚を取り付ける
A横板（棚用）を中央と下部にボンドとビスで取り付ける。中央の棚の位置は本のサイズや収納するモノに合わせて設定するとよい。下部の棚の位置はG前板の高さに合わせて設定する。

3 仕切り板を取り付ける
C仕切りを棚上部の中央に木工用ボンドとビスで取り付ける。次にD仕切りをボンドと釘で取り付ける。

4 引き出しの木枠をつくる
EF木枠を木工用ボンドで接着して釘で固定する。釘より細いドリルで3カ所ずつ下穴をあけておくと、木割れを防げる。

5 引き出しの底板をつける
木枠の底面にH底板を木工用ボンドと釘で取り付ける。

6 引き出しを製作する（取っ手）
G前板を木工用ボンドとビスで固定する。前板は底板の面に合わせる。取っ手を付けて完成。

C、Dの仕切板は、本の重みで板がたわんでくるのを防ぐ役割を担います。また、並べた本が倒れないように仕切りを増やすのもおすすめ。

壁面に取り付ける際は「ふた付きオープンシェルフ」（p.62）をご参照ください。

ディスプレイにもなるプリンタートレイ

製作時間：3時間　予算：2,500円　→ p.78

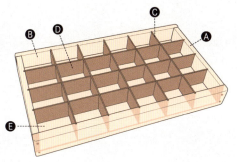

material
- A　木枠（側面）：米松（厚15×幅55×長275）×2枚
- B　木枠（奥と手前）：米松（厚15×幅55×長535）×2枚
- C　仕切り板：アガチス（厚3×幅45×長約280）×5枚
- D　仕切り板：アガチス（厚15×幅45×長約505）×3枚
- E　底板：シナベニヤ（厚3.6×幅182×長420）×1枚

tool & other material
木工用ボンド／木割れ防止ビス

※寸法に「約」がついている箇所は現物合わせ

1
溝を彫る

テーブル丸ノコでAB木枠にE底板が入る溝を彫る。テーブル丸ノコがない場合はp.80の工程1を参考に。

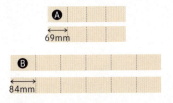

2
墨つけ

AB木枠にCD仕切り板を入れる溝を彫るための墨つけを行う。A木枠は69ミリ間隔、B木枠は84ミリ間隔に。

3
溝を彫る

スライド丸ノコで溝を彫る。幅はC仕切り板の厚さより0.5ミリ太い3.5ミリに設定。

4
組み立てる

1で彫った溝にE底板をはめる。AB木枠は木工用ボンドと木割れ防止ビスで固定し、箱をつくる。

5
仕切り板のカット

C仕切り板を現物合わせでカットし、はめ込む。少しきつめぐらいでちょうどよい。

6
仕切り板のカット

同様にD仕切り板を現物合わせでカットし、はめ込む。

7
墨つけ

CをDに当てて、溝の位置を墨つけする。

8
溝を彫る

C、Dそれぞれを束ね、墨つけに合わせてスライド丸ノコで溝を彫る。深さは22.5ミリに設定する。

9
組み立てる

溝にはめ込んで組み込む。木工用ボンドで接着すると強度が増し使いやすくなるが、はみ出すので濡れタオルでボンドを拭きながら行うとよい。

column ③ ニューヨークの蚤の市でパーツさがし

私たちは、蚤の市のために旅をすることもあるくらい、蚤の市が大好きです。こうしたところで見つけたパーツを、いつか家具をつくるときにどこかで使おうと思いながら、少しずつ集めています。とくに、50〜60年代のヴィンテージ・パーツは、デザインがいいのでほしくなります。

ここは、散歩していてたまたま見つけた、ニューヨークの中心地からほど近い、小さな蚤の市です。みんなフレンドリーで、楽しく買い物をしました。

プレスリーが使っていたようなレトロなマイクを見つけました！（佐）

適当な英語で値段を交渉中。アメリカの人はフレンドリーなので、それなりにコミュニケーションが可能です（聡）

レトロなホウロウ看板。ガレージに似合いそう……。

ニューヨークでは、鉄のキャスターやプレートなどが安く買えます。こうしたパーツを1カ所でも使用すると、断然雰囲気がよくなるのですが、実際に使用するときに困ることは、同じ部品をそろえられないこと。また、スライド式の錠前などは、受け部分がないと使えないので、注意が必要です。

Chapter.4
Garden

庭のウッドデッキが完成したときは、
家にもうひと部屋できたみたいで、
とてもうれしくなりました。

外で感じる暖かい光、木立を抜ける風。
庭で過ごすのは、心にゆとりのあるときかもしれません。
植物の手入れも、長い時間をかけてこつこつ。
パーゴラやピザ窯など、どうしても必要なものではなく、
遊びのあるものをいろいろ作りました。

だれかが訪ねてきたときに
楽しさを共有できる、
自慢のアイテムを作ってみてください。

誰でも
つくれる
ウッドデッキ
→ p.102

設計当初、テラスはテラコッタタイル貼りにする予定でした。しかし室内床面との段差がない方が使いやすいと考え直し、ウッドデッキに変更しました。後付けのコンクリート施工のせいか、地割れと傾斜が起きてしまい、コンクリート面がフラットでなくなったのも大きな理由でした。結果的には、ウッドデッキがリビングとフラットにつながり、部屋が広く使えるようになったので利便性が増しました。「ウッドデッキを作りたいけれど、地面が水平ではない」環境の方におすすめの作り方をご紹介します。(聡)

Wooddeck

Sleeper Step

枕木と
レンガでつくる
ステップ
→ p.106

一段でいいから踏み台があれば……なんてこと、ありませんか？ そんなときは、枕木でつくってしまいましょう。木のぬくもりとレンガの重厚さが、ナチュラルテイストのお庭によく合います。レンガを高く積めば、ベンチにもなりますよ。（聡）

Garden にある自作の家具たち

時間ができたら窓をつくってサンルームにしようと妄想中。

小屋をつくった時に使った分厚いフローリング材の余りを流用してベンチに。

昔つくったコーナー家具。棚が多いので収納力バツグン。

庭を眺めながら読書やうたた寝……。

ウッドデッキができたら、風通しがいいから、私はここで家具づくりをするように。

リビングからつながるウッドデッキは、居心地のいい空間。作業台やデッキチェア、ガーデン用の道具などを置いている。

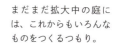

Wooddeck

まだまだ拡大中の庭には、これからもいろんなものをつくるつもり。

ウッドデッキは、キッチンからつながる南向きにも、もうひとつ作った。洗濯物が乾くように、物干し竿の下は、光がたくさん入る透明な波板の屋根にした。大量の洗濯物がしっかり乾くので重宝している。

『家具帖』シリーズで製作したパタパタ机。昔の小学校にあった天板が開くタイプ。

庭の植物を育てることが、聡さんの楽しみ。花壇の奥には、お隣との間につくった木製フェンス。

錆びた
トタン屋根の
巣箱2種
→ p.110

Birdhouse

半端な木材がたまってきたら、巣箱をつくってみてはいかがでしょうか。余りもののトタンがあるとさらによいですね。庭にくる野鳥をのんびりとめでる愉しみだけでなく、小さくて弱い野鳥の保護にもなります。巣箱とは、もともと鳥の棲みつける太い木が少ない場所へ、鳥たちを呼び戻すために考えられたそうです。自然の生態系を助ける、人の知恵なのでしょう。個人的にはたいそうな哲学があるわけではなくて、鳥の鳴き声に癒しを感じるから好きなんです。
（佐）

Tool Shed

すべてが見渡せる道具小屋
→ p.112

はじめは、お隣との境界に、簡易的な板張りの塀をつくる予定でした。同時に、ガーデン用具などをしまう物置も欲しいと思っていたので、どうせなら両方の役割を果たす薄い物置をと思いつき、製作に入りました。奥行きはたった60センチ！　完成したら、「ここまでつくりこんで奥行きがないのはもったいない」とか「映画のセット？」とか、散々な言われよう（笑）。物をたくさん詰め込める物置はいくらでも市販されていますが、実際に使ってみると、人の入るスペースは意外とムダですし、奥にしまいこむと取り出すのに不便なもの。その点、この物置なら扉を開ければすべての物が見渡せて、取り出しもラクラク。塗り壁はモルタルのままでも十分ですし、板張りでも素敵に仕上がりますので、ご自宅に似合うスタイルで製作してみてください。(聡)

素朴な風合いのバラのアーチ
→ p.132

杭を使用したバラのアーチは、素朴で優しげな雰囲気が特徴です。鉄製のアーチに比べるとリーズナブルなのですが、耐久性では負けます。補強に使う木の枝は、塗装をすると腐りにくく長持ちします。(聡)

Rose Arch

パーゴラとは、イタリア語で「ぶどう棚」という意味。シャインマスカットを育てたくなって、設置にチャレンジした。斜面に建てているので、柱の長さを変えている。大物だけど、そう難しくはないアイテム。

> 肩ひじを
> 張らない
> パーゴラ
> → p.107

Pergola

家を作り始めた頃、佐和子さんが「キッチンから葡萄が見えたらいいね」とぽつりとつぶやいていたのを思い出します。たぶん洋書で見た画像が頭の片隅にあったのでしょうね。「世話が大変だよ」と私が言うと、「食べられなくてもいい。見た目がかわいいから」と。日常的にワインを飲むヨーロッパでは、一般家庭の庭でも葡萄が普通に植えてあります。しかし日本のようにきちんと管理された美しいブドウではなく、適当に植えっぱなしの少々くたびれた感じ。おそらく食べないで鳥のえさにでもなっているのでしょう。そんな頑張らない葡萄棚が理想です。(聡)

アーチにつたわせるモッコウバラを育ててみましたが、最初の年はあまりきれいに咲いてくれませんでした。天候にも左右される庭づくりだけれど、だからこそ面白いです。

Garden

| 庭の主役になる
レンガのピザ窯
→ p.120 |

近頃ニーズの高まっている、ピザ窯。家族や仲間が集まったときに、焼きたてのピザを振る舞うのは楽しいですね。味はもちろん、建造物としての重厚な雰囲気は、庭のオブジェとしても存在感があります。難しい技術は必要ありません。コツコツとゆっくり時間をかけてレンガを積み上げる。完成したら薪をくべ、ゆっくりと燃焼室が温まるのを待つ。そんな手間ひまをかける時間が、楽しくて、とても贅沢なのです。（聡）

Pizza Oven

鋳物の扉は、現在もつくられています。映画「キューポラのある街」の舞台、埼玉県川口市が有名ですね。鋳物は肉厚なので、市販のピザ窯用の扉より耐久性が高いので採用しました。レンガとの相性も最高です。（聡）

Garden Table

ガーデンの洋書で見た少し華奢な白いテーブルに憧れていました。でも、外に置き去りにすると痛みやすいし、場所をとるので、折りたたみにしました。白い家具は室内用にはあまり作りませんが、ガーデンでは色も映えるし、とても便利で活躍しそうです。(佐)

折りたためる
ガーデン
テーブル
→ p.128

なに焼こうかな

ビールがすすむ
レンガの
バーベキュー炉
→ p.126

Barbecue Fire Pit

日々忙しく暮らしていると、通販で新鮮な魚介類や和牛を取り寄せてみたくなる。たまにはそんな贅沢をしてみるのも楽しいものです。そして、せっかくならおいしく食べたい！やっぱり炭火で焼いたバーベキューとビールが最高！と、勢いでピザ窯の隣に、バーベキューの炉を追加してしまいました。(聡)

Kids house

秘密基地みたいで楽しい!

> 折りたたんで
> 運べる
> 子ども小屋
> → p.130

新宿のリビングセンターOZONEで展示会を行った際に製作した小屋です。佐和子さんは工作の仕事でよくダンボールハウスをつくるのですが、子どもたちに毎回好評なので、長く愛用できる小屋としてつくってみました。こういう小屋は、電話ボックスや守衛さんのいる小さな空間と同じで、いわば外界と遮断されたパーソナルスペース。昔から憧れがあるんです。(聡)

折りたたんでみましょう！

スタート

折りたたんで運びやすいように設計したのでイベントなどにも活躍します！

ビスを取り外します

まずは屋根板を 外して

壁面を折りたたみます

床板を最後にのせて…

3分で折りたたみ完了！

Garden | 101

誰でもつくれるウッドデッキ

制作時間：10日　予算：100,000円　→ p.90

外構DIY → p.129

material

【ウッドデッキ材料】
束柱：ヒノキ（厚90×幅90×長4,000）
床板・手すり：ヒノキ（厚28×幅110×長3,000）
根太・根がらみ：ヒノキ（厚20×幅85×長3,000）
壁板用木枠：杉（厚30×幅40×長1,820）
壁板：杉野地板（厚12×幅150×長1,820）×6枚
補強木枠：赤松（厚24×幅90×長1,985）

【庇材料】
A　壁付け板：ヒノキ（厚40×幅85×長3,000）
B　壁付け板：ヒノキ（厚20×幅85×長3,000）
垂木：ヒノキ（厚40×幅85×長3,000）
下地材：杉（厚21×幅30×長1,820）

tool & other material

ステンレスビス／トタン用釘／スクリュー釘／建築用ボルト（長120）／水糸／水平器／羽子板付き土台石（高120×幅150×奥150）／セメント／川砂／砂利／砕石／防腐塗料／透明ゴムホース／防水シート／コンクリートアンカー／コーキング材／テラコッタタイル／ガンタッカー／トタン／建築用防水テープ（両面）／波板用パッキン／パネル（ラワンランバーコア）／タイトボンド

1 施工前の状態
コンクリートの床面が割れ、手前が斜めに沈んだ状態。工程2から床面がフラットではない環境でウッドデッキをつくる方法を紹介していく。

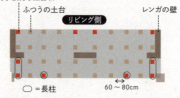

2 羽子板付き土台石の配置
羽子板付き土台石を仮配置する。ウッドデッキの形は四角形が簡単だが、我が家はアーチの壁があるため、そこを避けてこのような配置に。

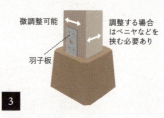

3 羽子板の向きに注意
羽子板は柱の微調整がきくように配置する。また、羽子板が見えると不恰好になるので正面はなるべく避ける。

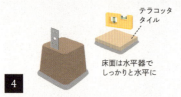

4 羽子板付き土台石を設置する
配置が決まったらモルタルで固定する（p.129参照）。コスト削減のため、その他の土台石はテラコッタタイルをカットして使用（地面が土の場合は不可）。

5 束柱の仮置き（リビング側）
リビング側の土台石に束柱を1列仮置きする。柱の長さは最終床面より長めにとっておく。庇がない場合は雨が当たるので入口より6センチ程度低くするとよい。

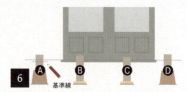

6 基準線を引く
束柱を1本「基準」にする。最終床面から床板の厚さ28ミリ分下に「基準線」を引く。どこの束柱か、向きがわかるようにナンバーをふっておくとよい。

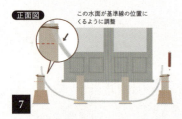

7 水平出し（水盛り）
透明ゴムホースに水を入れて左側の基準線に合うように調整する。水面が合ったら右側の水面を目安に墨入れを行う。

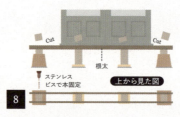

8 束柱をカットする
根太を基準線に合わせてステンレスビスで仮固定する。残りの束柱に墨入れを行い、取り外してカットする。リビング面の根太は後から固定できないので先に本固定。

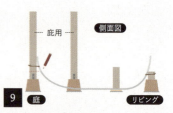

9 長柱の仮置き（庭側）
同様に庭側の両端に長柱を仮置きし、水盛りを行う。ウッドデッキ全体の両側面、手前と奥を先に決め込んでから他の束柱に着手する。

> サイズは各ご家庭でさまざまだと思うので、今回は施工の段取りをご紹介します。手順とコツさえ押さえれば、ウッドデッキは誰にでもつくれます！

> 羽子板付き土台石をすべてに使うと高いので四隅と柱になる箇所へ限定して使いました

10

長柱を仮固定する

長柱を捨て板で仮固定する。その際水糸に重り（ナットなど）をつけて垂らし、垂直を出す。土台石と建築用ボルトで固定する。次に手すりの位置を墨付けする。

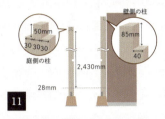

11

長柱の受け部分と手すりの溝

仮置きしていた長柱を取り外し、図のように手すり用の溝と上部の受け部分を加工する（向きに注意！）。

12

長柱の加工（庇）をする

11で加工したオス側の柱の角は金づちで叩いて丸めると、はめ込みやすい。湿気で膨張するのでしっかり固定される。

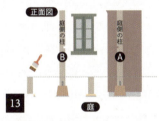

13

防腐塗料を塗る

長柱には防腐塗料を2度塗りしておく。とくに小口は水分をよく吸うので念入りに。

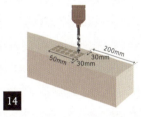

14

桁のホゾ組み加工（庇）をする

A庭側の柱の上部がはまるメス側の加工をする。深さ約50ミリ。ドリルで可能な限り穴をあけノミで四角形に整える。

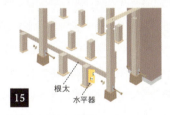

15

柱をボルトで固定

柱を並べる。庇用の柱はボルトで固定し、垂直・水平を確認しながら根太を取り付け、ステンレスビスで固定する。1カ所4本が目安。

16

根太を取り付ける

同様に他の列にも根太を取り付けていく。ステンレスビスはネジ山が壊れやすいので、面倒でもあらかじめ細いドリルで下穴をあけておくと失敗しない。

17

根がらみを取り付ける

16で固定した根太の下に根がらみをステンレスビスで固定していく。

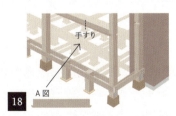

18

手すりを取り付ける

手すりは幅が110ミリあるので、外側にはみ出すように取り付ける。A図のように手すりをカットし、角を丸めることで納まりが美しくなる。

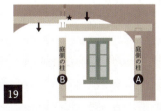

19

桁を取り付ける

桁を取り付ける。長さが足りない箇所は「庭側の柱B」のように桁をつなぐ加工を（★）行い、ビスで固定。「庭側の柱A」は抜けないように横からビスで固定。

庇づくりには脚立が必需品。

20 防水シートを取り付ける

床板を張ってしまうとメンテナンスの際、束柱や根太に防腐塗料が塗れなくなるので防水シートを貼ってみました（自己流なのでお好みで）。

21 床板を張る

床板は一度仮配置してバランスを見る。表裏に防腐塗料を2〜3回塗って、端からビスで固定。端は柱を避けた形にカット。

22 浅い穴をあける

床板が硬い場合、ビスの頭が若干出てしまい、危険なこともあるので、あらかじめ浅い穴（ビスの下穴とは別に）をあけておくとよい。

23 床板を切りそろえる

床板は最後に丸ノコで切りそろえるときれいに仕上がる。隙間は5ミリ程度が目安。ベニヤの厚さをガイドにする方法もあるが、その際は床板の歪みを考慮する。

24 壁板用木枠を製作する

手すりの内側のサイズを測り、そこにぴったり納まるサイズの木枠をつくる（庇をつけない場合は耐久性が低いので、通常の手すりにしてください）。

25 壁板用木枠を取り付ける

製作した木枠をビスで固定する。壁板を外側にスクリュー釘で固定する。

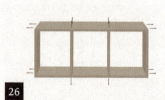

26 補強木枠を製作する

柱上部に取り付ける補強木枠を製作。ガラスをはめ込めば雨の浸入を緩和できる。

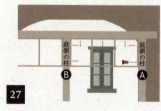

27 補強木枠を取り付ける

補強木枠をビスで固定する。

28 家の壁面に板を張る

壁面がモルタルやタイル貼りの場合は、工程11で製作した壁側の柱にA壁付け板を仮置きする。水平をとり、板左端の固定位置にペンで印をつけておく。

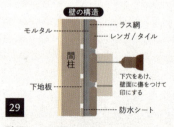

29 壁面にビス用の目印をつける

A壁付け板の左端を28で付けた印に当て、細いドリルで貫通させ、壁面に傷をつけて目印にする。※壁面が約幅6メートルなのでA壁付け板を2枚固定。

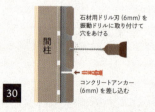

30 コンクリートアンカーを取り付ける

目印の位置に石材ドリル6ミリで穴をあけ、コンクリートアンカー6ミリを差し込む。

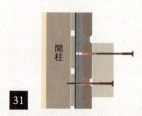

31 壁付け板をビスで固定する

A壁付け板を6ミリ径のステンレスビスで固定する。壁面がボードやパネルの場合はアンカーは使用しない。間柱センサーで間柱を探しビスで固定する。

32 垂木のカットと取り付け

垂木の壁側部分と先端をななめにカットし、30〜40センチの間隔で、桁と壁付け板にビスで固定する。

33 野地板を張る

垂木に杉野地板をスクリュー釘で固定する。

34 防水シートを取り付ける

防水シートをガンタッカーで取り付ける。1→2の順で貼り、2は1の上に重ね、折り曲げて壁面に沿わせる。

35 縦に下地材を張る

32で取り付けた垂木の位置に下地材をステンレスビスで固定する。

36 横に下地材を張る

次に横の下地材をステンレスビスで固定する。これで、万一浸水しても、水は防水シートの上を流れ落ちる。

37 家の壁面に板を張る

29〜31を参考に壁面にB壁付け板を取り付ける。防水シートの上から取り付け、トタンが角材の下側に入り込むように厚さ分の隙間をあけること。

38 トタンの雨よけを取り付ける

取り付けたB壁付け板に防水テープを貼り、トタンの雨よけをステンレスビスで固定する。

39 パッキンを取り付ける

トタンの雨よけと壁面の隙間にコーキングを行う。波板用パッキン（スポンジ）の両面テープを剥がし、トタンの先に貼り、トタンを壁面にぴったりつける。

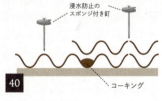

40 トタンに釘を打つ

釘をトタンの山部分に打つ。重なりの部分は鉄工用ドリルで下穴をあけておくと打ちやすい。重なりは3列、浸水を防ぐためにコーキングをするとよい。

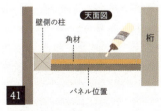

41 側面上部をふさぐ

両端の側面上部は雨が浸入しやすいので、パネルでふさぐ。パネルの厚さを考慮して角材をタイトボンドで接着。外側に面一になるように考慮する。

42 ビスで補強する

ボンドが乾いたらステンレスビスで固定する。

43 パネルを接着する

パネルを現物合わせでカットし、タイトボンドで接着。乾いたらステンレスビスで固定する。防腐塗料を塗って完成。

枕木とレンガでつくるステップ

製作時間：6時間（乾燥1週間）　予算：9,000円　→ p.90

外構DIY → p.129

material
- A　枕木：(厚75×幅200×長2,000)×1本
- B　レンガ：(高60×幅210×奥100)×12個

tool & other material
セメント／川砂／砂利／砕石／建築用ボルト×4本／水平器／盛り板／目地ゴテ／トロ船／洗車用スポンジナット×4個／ワッシャー×4個

1 穴を掘る
設置場所が決まったら、深さ25センチほどの穴を掘り、基礎をつくる。レンガ2個分より広めに掘る。

2 砕石を入れる
穴に砕石を深さ10センチほど入れ、角材などで突き固める。

3 コンクリートを入れる
セメント1：川砂2：砂利3の割合でコンクリートをつくり、地面と面一になるように投入する。乾かないうちに1段目のレンガを2列のせる。

4 ボルトを用意する
長さ150ミリの建築用ボルトを4本用意し、セメントが入ってネジ山が壊れないようにマスキングテープを巻いておく。

5 レンガを積む
セメント1：川砂3の割合でモルタルをつくり3の上からモルタルでレンガを積む。3段目の目地にボルトを垂直に埋め込む。1.2センチほど頭を出しておく。

6 水平を確認する
もう一方の側のレンガを積む際に、板を渡し水平器で確認しながら高さを合わせるのが簡単な方法。はみ出したモルタルは濡れたスポンジで拭き取る。

7 モルタルを乾燥させる
2カ所にレンガを積んだら、ボルトのマスキングテープを外し1週間ほどモルタルを乾燥させる。

8 貫通穴をあける
7に枕木をのせ金づちで軽く叩くと裏にボルトの跡がつくので、そこを目印に電動ドリルでボルトが貫通する穴をあける。

9 ナットで固定する
ナットとワッシャーで枕木をレンガに固定して完成。枕木は耐久性が高いが、安全性を考え防腐剤を定期的に塗装するのがおすすめ。

肩ひじを張らないパーゴラ

製作時間：4日　予算：50,000円　→ p.97

外構DIY
→ p.129

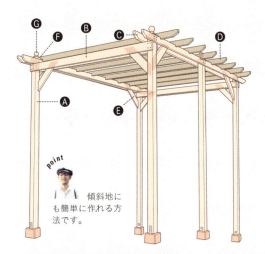

point
傾斜地にも簡単に作れる方法です。

material
- A　柱：ヒノキ（厚90×幅90×長約3,000）×5本
- B　横木：ヒノキ（厚28×幅110×長約2,400）×4枚
- C　桁：SPF防腐材（厚38×幅89×長4,200）×4枚
- D　垂木：ヒノキ（厚40×幅85×長3,000）×8枚
- E　補強材：ヒノキ（厚28×幅110×長約600）×8枚
- F　傘：（厚35×幅132×長132）×5枚
- G　ポストキャップ：（厚80×幅80×長142）×5個

tool & other material
ステンレスビス／タイトボンド／建築用ボルト（120mm）×5個／レンガ：（高60×幅210×奥100）×40個／水糸／羽子板付き土台石（高120×幅150×奥150）×5個／セメント／川砂／砂利／砕石／防腐塗料

※寸法に「約」がついている箇所は現物合わせ

1　現状
我が家の場合は、排水管もあるため、これを避けながら作る必要がある。今回はキッチンの出窓があるので、5本の柱を立てることに決定。

2　水糸と仮置き
砕石を突き固めて、コンクリートの施工（p.106参照）。まず水糸で柱を立てる四隅に四角形を作る。土台石、レンガは仮置き。

3　レンガを積む
土台石の位置が決まったら、レンガをモルタルで積んでいく。雨による泥はねは柱が腐る原因になるので土台石の下にレンガを積む。

4　傾斜地の状態
柱を立てる①②③の3カ所へ水糸の端を合わせて羽子板付き土台石をモルタルで固定する。水糸の固定はテント用のペグを使うと便利。

5　柱の仮置き
A柱を仮置きする。長さは後からカットするのでそのまま。羽子板中央の穴に鉛筆で印を付けておく。

6　ドリルで穴をあける
5で印を付けた部分に、ボルトを通す穴をドリルであける。建築用ボルトは強度・耐久性に優れているので、必ず取り付けること。

7　安全に水平を出す
手前3本のA柱を立ててC桁を仮固定してみる。桁をハタガネで固定する。高さは適当な位置でOK。ただし水平をきっちりとはかる。

8　垂直を確認する
A柱の上部に釘を打ち、水糸にナットを結んで垂らして垂直を見る。長い柱がぐらぐらするので杭を打って板材で仮固定する。

9 印を付ける

水平が確認できたら、鉛筆で線を引いておく。この線は水平の地面と見立てて（「水平線」とする）A柱をカットする予定。

10 全体を仮固定する

同じように柱を全部立てて建築用ボルトと板で仮固定し、水平・垂直を決めていく。一番長い奥のA柱を「基準柱」としてカット作業に入る。

11 柱をカットする

①の基準柱の水平線に②の水平線を合わせて、矢印の先をカットする。同じように他の柱もカットしていく。

12 桁をカットする

C桁の両端を斜めにカットする。同様にD垂木の両端もカットしておく。

13 噛み合わせを作る

D垂木を納めるための噛み合わせを作る。C桁4本をハタガネで固定し、丸ノコで深さ30ミリの溝を引く。

14 ノミで落とす

13でつけた溝をノミで落としていく。金づちで叩いても取れるが切り口が汚くなるので注意。

15 防腐塗料を塗る

薬剤は木材深くまで浸透していないので、すべての木材の切り口は念入りに再塗装する。2度塗りして乾かす。

16 桁を仮固定する

C桁の固定を一人で行うのは難しいが、ハタガネにひっかけてのせれば可能。ステンレスビスで固定する際は水平器で垂直を見ながら行うこと。

17 桁をビスで固定する

4カ所固定するが、1本固定したら反対側の柱の垂直を確認しながら打つとよい。

18 横木を固定する

正面のC桁を固定したら、側面のB横木も同様にステンレスビスで固定していく。

19 補強材を加工する

E補強材を桁に固定するための加工を行う。現物合わせで両端を45度にカット。写真は柱部分のビスの頭が納まるように深さ10ミリ程度の下穴をあけているところ。

20 補強材を固定する

E補強材をA柱とC桁にステンレスビスで固定。4カ所に取り付けた状態。

21
垂木の固定
C桁の溝にD垂木をはめ込み、ステンレスビスで固定していく。

22
垂木を固定する
D垂木は上からビスを打つと、雨が入り込んで腐る原因となるので、19同様にドリルで深さ30ミリ程度の下穴をあけ、下側からビスで固定する。

23
補強材を固定する
結構ぐらつくので手前と奥にもさらに4カ所へE補強材を取り付ける。

24
補強材をビスで固定する
柱側に取り付けるE補強材上部もステンレスビスで固定する。下穴を斜めにあけてビスを入れる。反対面も同様に固定する。

25
傘の下穴をあける
ウッドデッキ用のGポストキャップのF傘にキャップを取り付ける下穴をあける。

26
傘の下穴をあける
Gポストキャップを一度ねじ込むと円のサイズがわかるので、傘を固定するための下穴をあけておく。

27
ポストキャップを取り付ける
A柱にF傘をビスで固定しタイトボンドを塗り、ポストキャップをねじ込む。

28
ポストキャップの効果
柱の小口は最も水が浸透しやすいため、こうすることで柱を守る効果が高まる。桁や垂木は消耗品と割り切っているが、柱は腐らせないことが重要。

29
柱を固定する
羽子板部分の4カ所にステンレスビスで固定を行い、完成。

錆びたトタン屋根の巣箱2種　製作時間：各3時間　各2,000円　→ p.94

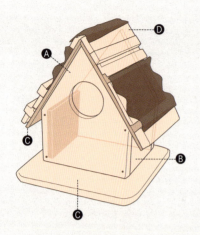

material
A　箱（手前と奥）：杉（厚12×幅130×長170）×2枚
B　箱（側面）：杉（厚12×幅90×長75）×2枚
C　屋根下地：シナベニヤ（厚3.6×幅130×長155）×2枚
D　屋根板：端材（厚約12×幅約25×長135）×約9本
E　台座：杉（厚12×幅180×長175）×1枚

tool & other material
タイトボンド／木割れ防止ビス／錆びたトタン／
トタン用ハサミ／ホルソー／水性ペンキ／釘

※寸法に「約」がついている箇所は現物合わせ

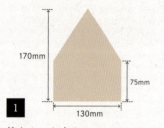

1 箱をカットする
A箱を斜めにカットし、家形の壁面を2枚つくる。

2 入口の穴をあける
ホルソー（穴あけ）を使い、鳥の入口をあける。鳥によってサイズが異なるので注意。

3 箱をつくる
A箱（手前と奥）、B箱（側面）をタイトボンドで接着し、木割れ防止ビスで固定する。ツートーンにする場合は塗装しておく。

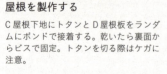

4 屋根を製作する
C屋根下地にトタンとD屋根板をランダムにボンドで接着する。乾いたら裏面からビスで固定。トタンを切る際はケガに注意。

5 屋根を取り付ける
屋根を箱にボンドで接着し、表面からビスで固定する。L字形に折り曲げたトタンにドリルで下穴をあけておき、屋根のトップに釘で固定する。

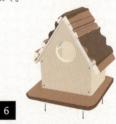

6 台座を取り付ける
E台座を下面からビスで固定して完成。鳥への影響が少ない水性ペンキを使用。

point　穴のサイズはヤマガラ・シジュウカラ約28ミリ、スズメ約30ミリ、ムクドリ約55ミリを目安にしてみてください。ちなみにフクロウは150ミリだそうです。棲みついてくれたら最高ですね。

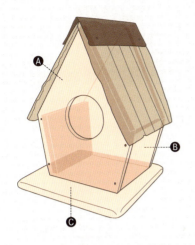

material
A　箱（手前と奥）：杉　（厚12×幅165×長230）×2枚
B　箱（側面）：杉（厚12×幅110×長100）×2枚
C　台座：杉（厚12×幅180×長195）×1枚

tool & other material
タイトボンド／木割れ防止ビス／釘／錆びたトタン／トタン用ハサミ／ホルソー／トタンの水切り（L字）／水性ペンキ

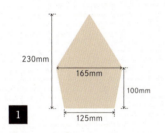

1

箱をカットする
A箱を斜めにカットし、家形の壁面を2枚つくる。

2

入り口の穴をあける
ホルソーを使い、鳥の入口をあける。鳥によってサイズが異なるので注意。

3

箱をつくる
A箱（手前と奥）、B箱（側面）をタイトボンドで接着し、木割れ防止ビスで固定する。ツートーンにする場合は塗装しておく。

4

トタンを取り付ける
屋根を箱にビスで固定する。

5

L字形トタンを取り付ける
市販の水切りに使うL字形のトタンを屋根のトップに取り付ける。あらかじめドリルで下穴をあけておき、釘で固定する。

6

台座を取り付ける
C台座を下面からビスで固定して完成。鳥への影響を考慮して防腐塗料ではなく水性ペンキを使用。

シンプルでスタンダードな形状の巣箱です。屋根はトタン張りなので、雨の浸入もなく、耐久性にもすぐれています。

すべてが見渡せる道具小屋

製作時間：30日　予算：45,000円　→ p.95

外構DIY → p.129

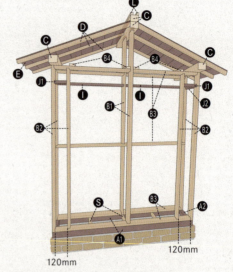

material

- A1　土台（手前と奥）：米ヒバ（厚90×幅90×長1,846）2本
- A2　土台（側面）：米ヒバ（厚90×幅90×長555）2本
- B1　中央柱：SPF（厚38×幅89×長2,060）×2本
- B2　側面柱・ドア柱：SPF（厚38×幅89×長1,840）×6本
- B3　横木：SPF（厚38×幅89×長1,770）×5本
- B4　補強材：SPF（厚38×幅89×長555）×4本
- C　棟木：杉（厚90×幅90×長850）×4本
- D　垂木：赤松（厚35×幅45×長約126）×6本
- E　野地板：杉（厚12×幅180×長850）×14枚
- F1　屋根下地材：赤松（厚15×幅45×長約126）×6本
- F2　屋根下地材：杉（厚30×幅40×長850）×14本
- G1　破風板：SPF（厚19×幅160×長約1,400）×4枚
- G2　破風板：SPF（厚19×幅140×長約900）×2枚
- H1　屋根材：杉（厚12×幅180×長400）×70枚
- H2　屋根材：杉（厚12×幅150×長330）×11枚
- H3　見切り材：赤松（厚28×幅28×長約1,500）×1本
- H4　ベース板：プレーナー加工材（厚15×幅75×長約1,500）×1枚
- H5　庇の支え1：赤松（厚20×幅30×長150）×1本
- H6　補強材：杉（厚15×幅42×長240）×1枚
- H7　野地板：杉（厚13×幅90×長1,625）×3枚
- H8　台座：米松（厚15×幅65×長300）×2本
- H9　庇の支え2：タモ（厚22×幅180×長210）×2枚
- H10　庇の押さえ：赤松（厚15×幅30×長約1,500）×1本
- I　合板受け：プレーナー加工材（厚38×幅25×長約825）×2本
- J1　合板受け（側面）：プレーナー（厚38×幅25×長約480）×2本
- J2　合板受け（側面）：プレーナー（厚38×幅25×長120）×2本
- K1　妻飾り：杉（厚90×幅90×長370）×2本
- K2　笠板（厚35×幅132×長132）×2枚
- K3　ポストキャップ（厚80×幅80×長142）×2個
- L　トタンの押さえ：杉（厚30×幅40×長850）×2本
- M　ドア枠（上下）：米ヒバ（厚34×幅130×長1,450）×2本
- N　ドア枠（左右）：SPF（厚19×幅89×長約1,700）×2本
- O1　モールディング（前後）（厚21×幅40×長約1,820）×2本
- O2　モールディング（左右）（厚21×幅40×長約610）×2本
- P1　ドア枠（左右）：ヒノキ（厚40×幅85×長約1,690）×4枚
- P2　ドア枠（上下）：ヒノキ（厚40×幅150×長約470）×4枚
- P3　ドア枠（中央）：ヒノキ（厚40×幅85×長約470）×2枚
- P4　ドア枠（縦中央）：ヒノキ（厚40×幅85×長830）×2枚
- P5　ドアモールディング（縦）（厚15×幅15×長830）×8本
- P6　ドアモールディング（横）（厚15×幅15×長190）×8本
- P7　ドア板：SPF（厚19×幅193×長約830）×4枚
- P8　窓仕切り（縦横）：赤松（厚20×幅40×長515）×4本
- P9　戸当たり（厚14×幅14×長171）×2本
- P10　付け足し材：プレーナー加工材（厚38×幅38×長1,700）×1本
- Q1　ガラスの押さえ（縦）：米松（厚16×幅16×長220）×16本
- Q2　ガラスの押さえ（横）：米松（厚16×幅16×長230）×16本
- R1　ガラスモールディング（縦）（厚12×幅12×長230）×16本
- R2　ガラスモールディング（横）（厚12×幅12×長230）×16本
- S　根太：杉（厚36×幅45×長約380）×3本
- T　床：杉（厚12×幅180×長約1,845）×2枚

1　ボルトを基礎に埋め込む

長さ180ミリの建築用ボルトを7本用意し、レンガの目地に埋め込む。必ず水平器で垂直を確認する。

2　レンガの基礎をつくる

レンガの基礎をつくる（p.120〜121参照）。

3　土台を固定する

A1、2土台をボルトに固定。レンガから上がってくる湿気に触れさせないよう間に基礎パッキンを10枚はさむ。

tool & other material

木工用ボンド／ステンレスビス／木割れ防止ビス／トタン用釘／スクリュー釘／カクシ釘／ダボ／取っ手×2個／ラッチ×2個／蝶番×6個／ステンド用ガラス（厚2×幅約225×長約225）×8枚／水平器／水糸／シーラー／盛り板／左官ゴテ／目地ゴテ／ゴムベラ／着色剤（水性コンク）／漆喰・珪藻土／撹拌機／ラス網／防水テープ（両面）／グラスファイバーメッシュ（クラック防止）／防水シート（アスファルトルーフィング）／ガンタッカー／古釜耐火レンガ（高65×幅230×奥114）×18個／建築用ボルト×7個／基礎パッキン×10枚／構造用合板（厚9×幅910×長1,820）×5枚／トタンの水切り（L字形）×4枚／トタン（棟木用）（高50×幅90×長約950）×1枚／L字形、T字形補強金具／砂利／川砂／セメント／防腐塗料

※寸法に「約」がついている箇所は現物合わせ

4 土台を補強する

A1、A2土台の角を画像のように噛み合わせ、ステンレス製のビスで固定する。

5 横木の取り付けを準備する

B3横木を土台に取り付ける際にボルトの頭が邪魔になるので、叩いて位置をコピーし、あらかじめ穴をあけておく。

6 本体木枠を製作する

B1、B2、B3をカットして本体の木枠を製作する。位置は工程7〜8の★印を参考に。

7 背面の木枠

B1、B2、B3を組み上げて仮置きした状態。この状態では強度が低いが、あとから補強していくほうが初心者にはやさしい。

8 正面の木枠

B1、B2、B3を組み上げて仮置きした状態。A1土台にステンレスビスで固定し、両サイドにB2側面柱をビスで固定。B2ドア柱は端から120ミリあける。

9 補強材を取り付ける

7〜8で製作した木枠をA1、A2土台に、B4補強材2本を中央に固定する。両サイドは仮固定。

10 棟木を加工する

C棟木にB1中央柱を差し込む加工を行う。太いドリルの刃で深さ30ミリの穴をあけ、ノミで四角形に整える。

11 棟木を取り付ける

木工用ボンドとビスで固定。背面の屋根部分が短いのは土地の境界線に近い我が家の特殊事情による。正面側と同じでよい。

12 棟木を取り付ける

9で取り付けた両サイドの補強材を外し、C棟木をビスで固定。Cは塗り壁の厚みを考慮し、外にずらす。

13 構造用合板を取り付ける

構造用合板を現物合わせでカットし木枠に固定。その際A1土台も含めて固定する。ドア以外の4面に張る。※合板の高さが木枠の高さに足りない状態。

14 垂木を取り付ける

D垂木を現物合わせで斜めにカットしC棟木にビスで固定。両サイドの垂木の受け部分をノミで彫るとよい。

15 野地板を取り付ける

E野地板をD垂木にスクリュー釘で固定していく。少し斜めに打つと抜けにくくなる。

16 補強材を固定する
9で仮固定したB4を写真の位置にビスで取り付ける（内側へずらす）。

17 合板受けを取り付ける
合板の高さが足りない分、補強して付け足す作業。IとJ1、J2をきつめにカットして図の位置にボンドとビスで固定。

18 防水シートを貼る
壁面全体に合板を張り終えたら、防水シートをカットし、防水テープで野地板に固定。F1、F2屋根下地材をビスでD垂木に届くように固定する。

19 棟木を取り付ける
トタン（棟木用）を取り付けるため、もう1本C棟木を上に取り付けて高さを確保。ドリルで半分程度穴をあけてビスで固定する。

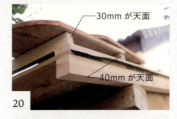

20 屋根材を取り付ける1
H1屋根材を下から順にスクリュー釘で固定していく。重なりを考慮して雨が当たらない位置に釘を打つのがコツ。

21 屋根材を取り付ける2
念のため防腐塗料を3回塗る。杉材なので交換が前提。丸くカットする労力を考えるとトタンなどがおすすめ。

22 防水テープを貼る
Lトタンの押さえをビスで固定し、側面と屋根材部分に防水テープを貼る。

23 防水シートを張る
防水シートを折り曲げて張る。簡易的ではあるが、横なぐりの雨などの際に、トップからの雨の浸入を防ぐ。

24 トタン（棟木用）を施工する
トタン（棟木用）を取り付け、側面に1.5ミリ程度の下穴をあけてスクリュー釘で固定する。

25 Mドア枠を取り付ける
Mドア枠を木工用ボンドで上下に接着し、目立たない箇所を木割れ防止ビスで固定する。

26 Nドア枠を取り付ける
Nドア枠を木工用ボンドで左右に接着し、戸当たりや蝶番が付く目立たない箇所に、木割れ防止ビスで固定する。

27 庇の支えをカットする
H9庇の支え2をジグソーでカットする。丸い先端はペンキ缶などを利用すると描きやすい。角度があれば形は自由。

28 庇の支えを取り付ける

H9 庇の支え2をH8台座にボンドとビスで固定し庇下に取り付ける。

29 野地板を取り付ける

H10庇の押さえをビスで壁面の合板に固定。H7野地板を現物合わせでカットし、H9庇の支え2に固定する。

角度、長さは現物合わせ

30 庇の支え1を製作する

野地板では雪の重みでたわむのでH4ベース板中央にH5庇の支え1を取り付ける。

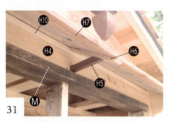

31 庇の支え1を固定する

H7野地板にH6補強板を取り付け、30で製作したH5庇の支え1を壁面の裏側からビスで固定する。

32 妻飾りをカットする

K1妻飾りをカットする。丸ノコを手持ちでカットし、切りにくい箇所はノコギリで切ると楽。

33 装飾する

K2、K3の傘とポストキャップをK1妻飾りにタイトボンドとビスで固定して装飾する。これを前後2個つくる。

34 妻飾りを取り付ける

トタン(棟木用)に合わせてK1上部を三角形にカットしビスで固定する。

35 前面の装飾をする

O1モールディングを現物合わせでカットして、妻飾り前面の装飾をする。中央は15×15ミリの角材を使用。

36 破風板を取り付ける

G1破風板を現物合わせで斜めにカット。G2破風板がはみ出ないように端をジグソーで丸くカットする。

37 水切りを取り付ける

トタンの水切り(L字形)を現物合わせで斜めにカットし、トタン用の釘で破風板の上部に固定する。

38 付け足し材

現状ではドアラッチの受けが取り付けられないのでP10付け足し材をB1中央柱にボンドとビスで固定する。

39 根太を取り付ける

S根太をA1土台に固定。少しきつめにカットしてビスを両サイドから斜めに打って固定する。

40 床板を取り付ける
T床を現物合わせでカットし床面をつくる。重いものを置く場合は厚さ19ミリのSPF材を使用するとよい。

41 防水シートを取り付ける
ひさしのサイズを測り、防水シートをカッターで切りとる。防水テープ、防水シートの手順で取り付ける。

42 見切り材を取り付ける
H3見切り材をビスで取り付ける。左官作業の際、塗りやすくなり仕上がりがきれいになる。H2庇をビスで取り付ける。

43 切り材をの取り付ける
O1、2モールディングをレンガの基礎部分から5ミリ程度隙間をあけて木割れ防止ビスで固定。

44 防水シートを壁面に取り付ける
防水シートは壁面の下から順にタッカーで取り付け、上に重ねながら張る。幅が広すぎるとたるみができやすいので注意。

45 ラス網を取り付ける
防水シートを小屋全体に張ったら、モルタルの食いつきをよくするため、ラス網をガンタッカーで固定。

46 モルタルを塗る
モルタルをゆるめにつくり塗り込む。生乾きの状態でグラスファイバーメッシュを手早く張る。

47 塗料をつくる
モルタルは1週間乾燥させる。仕上げ塗りに使用する漆喰は軟らかいので、余っていた珪藻土をブレンドして使用した（自己流）。

48 着色する
47に着色剤を混ぜるとさまざまな色が作れるのでおすすめ。水性コンクは少量でも十分に染まるので気をつけたい。

49 仕上げ塗り
46の上から手早く漆喰を塗り進め、生乾きの状態になったら仕上げゴテ（左官ゴテ）できれいに整える。コーナーはゴムベラを使用。

50 簡単なドアの付け方
重いドアを持ち上げて正確な位置に蝶番をつけるのは難しい。先にP1ドア枠に蝶番を仮固定して取り外せばビス穴がガイドになる。

51 ダボ穴をあける
P1〜P4にダボ加工をする。通常はホゾをつくる技術が必要な作業だが、ダボでつなぎ木枠を製作すると素人でもきれいなドアがつくれる（p.145参照）。

52 ドア枠を組み立てる

P1、P2、P3、P4ドアをダボとタイトボンドで組み上げる。この状態で再度本体に取り付けて開閉を確認する。

53 L字形・T字形補強金具

ダボのみでは耐久性が弱いのでL字形、T字形金具で裏面を補強する。厚さ分ルーターで彫り込むと強度が増す。

54 窓の桟を取り付ける

ドア枠の各中央部に彫り込みを行う。P8窓仕切りを現物合わせでカット。十字部分は最後に位置合わせする。

55 モールディングを張る

P5、P6、R1、R2モールディングを45度にカットし、ドア枠正面側にボンドとカクシ釘で固定する(6カ所)。

56 ドア板の加工1(任意)

丸ノコの刃の角度を60度に設定。P7ドア板に溝を彫る。捨て板などを固定して定規にすると直線が彫れる。

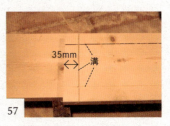

57 ドア板の加工2(任意)

上下左右に溝を彫った状態。これを4枚加工する。

58 ドア板の加工3(任意)

テーブル丸ノコを使用して57の余分な箇所をカットする。垂直は切りにくいので、補助を付けてカットする。

59 ドア板の加工4(任意)

刃の跡が残ってしまうので、サンダーで目立たないように削る。

60 ドア板の加工5(任意)

加工面がドアの表面になるように55にはめ込み、ボンドで接着。裏面から木割れ防止ビスで固定する。

61 ラッチを取り付ける

ラッチはドリルである程度穴をあけ、ノミで整えながら面一に納まるように加工する。

62 ガラスを取り付ける

ドアにはステンド用の曇りガラスを使用。ドア枠にガラスをはめこみ、Q1、Q2ガラスの押さえを現物合わせでカットし、木割れ防止ビスで固定。

63 ドアを取り付ける

ドアを取り付けP9戸当たりを付ける。収納するもののサイズに合わせて棚や仕切りをつけると使い勝手が増す。

Antique Parts Collection

庭の主役になるレンガのピザ窯

製作時間：25日　予算：100,000円　→ p.98

外構DIY → p.129

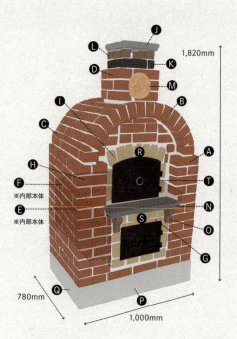

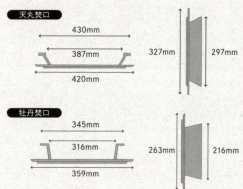

material

- A 赤レンガ（高60×幅210×奥100）×70個
- B 赤レンガ半マス（高60×幅105×奥100）×24個
- C 赤レンガ半平（高30×幅210×奥100）×37個
- D 焼過レンガ（高60×幅210×奥100）×71個
- E 耐火レンガ（高65×幅114×奥114）×66個
- F 耐火レンガ半マス（高65×幅230×奥114）×8個
- G 耐火レンガ半平（高40×幅230×奥114）×2個
- H 耐火レンガ大判（高65×幅685×奥230）×2枚
- I 古窯耐火レンガ（高65×幅230×奥114）×20個
- J ヨークシャーペイビング（高40×幅295×奥295）×1枚
- K 黒レンガ（高56×幅200×奥50）×4個
- L ピンコロ石（高58×幅50×奥56）×6個
- M テラコッタプレート（直径180×厚20）×1枚
- N 石板：ヨークコッピングストーン（高40×幅600×奥145）×1枚
- O ポットフィート（高120×幅75×奥40）×2個
- P 軽量ブロック（高100×幅390×奥190）×4個
- Q 軽量ブロックコーナー（高100×幅390×奥190）×4個
- R 鋳物扉：天丸焚口12号（高327×幅420）×1個
- S 鋳物扉：牡丹焚口10号（高263×幅359）×1個
- T ピザ窯温度計475度スケール：（直径60）

tool & other material

セメント／川砂／砂利／砕石／耐火セメント（アサヒキャスター）×5袋／ワイヤーメッシュ／鉄筋／耐熱塗料（黒）／ロックウール（住宅用断熱材）／杉（厚30×幅40×長1,820）×5本／パネル（ラワンランバーコア）／水平器／水糸／シーラー／盛り板／左官ゴテ／目地ゴテ／トロ船／ゴムベラ／テント用ペグ／洗車用スポンジ／石／鉄パイプ／土留め用軽量ブロック／珪藻土／ステンレスビス

※寸法に「約」がついている箇所は現物合わせ。
※手に入りにくいパーツはインターネットでの画像検索、もしくはオークションでの購入をおすすめします。

1 設置場所を決める

設置場所を決める。ピザ窯は重量がかさむため、平らで安定した地盤が望ましい。今回は高低差40センチの傾斜地に決定。なるべく平らに整地した。

2 土留めをする

奥側に深さ30センチほど地面を掘り、石、砕石を入れた状態。地盤の強度を増すため、鉄パイプを打ち込んでコンクリートで固める方法を選択した（自己流）。

3 水平出し・ブロックを設置する

ホースに水を入れて水平を出す「水盛り」を行う。次に水糸を張り、コンクリートを水平・垂直になるように施工して、奥側にブロックを1列並べる。

4 ブロックを設置する

2のような土留めのみにする予定だったが、強固なコンクリート打ちに変更。我が家には排水マスがあるため、これを回避しながら基礎を作る。

5 砕石を入れる

ブロックで囲い、砕石を入れ、踏み固める。奥のブロックは2段に変更。排水マスが傾いていたため、周囲にレンガを積んで水平を取り直した。

6 ワイヤーメッシュを挟む

ブロック内にコンクリートを流し入れ、コンクリートにヒビが入らないようにワイヤーメッシュを挟み、モルタルで仕上げていく。

7 ブロックを並べて施工する

コンクリートが乾かないうちに、鉄筋6本を打ち込みブロックを並べる。写真は6か所ほど入っている状態。水平器で確認しながら慎重にブロックを施工。

8 赤レンガを積む

ブロック内に土を入れ砕石を深さ5センチ、モルタルを3センチ、その上にL字に曲げた鉄筋を上に置き、水に浸したAを施工し、鉄筋を間に埋め込む。

9 基礎が完成

8の中に砕石を入れ、モルタルを施工して平らな基礎が完成。基礎のブロックは最後にモルタルや珪藻土などで化粧する（p.127の工程19〜21を参照）。

10 耐火レンガの床面を施工する

水に浸したE耐火レンガを写真のように施工し、床面を作る。これ以降、レンガの目地は耐火セメントを使用する。

11 焚口を施工する

S鋳物扉が入る焚口はI古窯耐火レンガを採用。強度・耐久性は若干落ちるが、見える部分の味わいを重視するため。

12 燃焼室を施工する

EF耐火レンガと耐火セメントを使用し、燃焼室をつくる。レンガ表面が乾かないよう施工中は濡れ雑巾でおおうとよい。

13 木枠をつくる

S鋳物扉の天面にレンガを積むために支えの木枠をつくる。枠と焚口の間に耐火セメントを入れておく（焚口が外れないようにするため）。

14 鋳物扉を設置する

13のセメントが乾く前に、S鋳物扉を設置。乾燥するまで角材で押さえておく。また、商品はシルバーしかないので耐熱塗料で黒く塗装した。

15 天面にレンガを積む

S鋳物扉の天面にG耐火レンガ半平を積む。扉とレンガが密着するように、細い棒などで隙間に耐火セメントを押し込んでおくとよい。

16 燃焼室の完成
I古窯耐火レンガをディスクグラインダーで半分にカットし、G耐火レンガ半平の上に積む。5段積み終えたら完成。

17 耐火レンガ大判を設置する
H耐火レンガ大判を設置し、濡れタオルで湿らせ水をかけてレンガの乾燥を防ぐ。この上がピザを焼く「焼き床」になる。

18 排煙用の隙間をつくる
奥側の耐火レンガ大判は、煙を煙突に導くための隙間をつくる必要がある。ディスクグラインダーで櫛目状の溝を彫る。

19 タガネで落とす
18でつけた溝をタガネでコンコン叩きながらレンガを落としていく。

20 グラインダーで整える
ディスクグラインダーで余分なレンガを削り落としてきれいに整える。

21 耐火レンガ大判を設置する
H耐火レンガ大判を奥側に設置した状態。この隙間から煙と熱気が上に昇って、煙突から排煙されるS字形の流れがよいとされる。

22 焚口を製作する
H大判レンガの両端にI古窯耐火レンガを縦に置き、耐火セメントで焚口をつくる。H大判レンガの幅が足りないため、E耐火レンガに板をかませて水平をとる。

23 レンガ屋根部用の型枠を製作する
アール状の屋根にするため、鋳物扉の設置前に、R鋳物扉の形状をパネルに写しとり、画像のような簡単な型枠を作っておく。

24 鋳物扉を設置する1
I古窯耐火レンガを両側に1段積んだらR鋳物扉を設置。爪があるので2段目は溝を彫る必要がある。

25 鋳物扉を設置する2
仮置きして爪の位置を確認したら、ディスクグラインダーで溝を彫る。水平・垂直を確認し、隙間に耐火セメントを入れる。

26 鋳物扉を設置する3
R鋳物扉の設置が完了した状態。側面に段差ができてしまうが、赤レンガで二重構造にするためこのまま続行。

27 ピザ窯温度計の取り付け方
Tピザ窯温度計はR鋳物扉の空気採り入れ口に取り付けることができる。まず扉の空気採り入れ口のボルトを外し、分解する。

28 穴をあける

鋳物扉の空気孔をドリルで12ミリに広げる必要がある。鉄工用のドリルより石材用の方があけやすい。温度計を差し込んで、ボルトで固定。

29 型枠を設置する

焼き室のレンガが積み上がったら23で製作した型枠を設置し、耐火レンガを縦置きに仮並べして位置を微調整する。

30 屋根部の完成

手前はⅠ古窯耐火レンガを使用。中央の3個は半分にカットし、煙突用の開口部にしてある。耐火セメントで施工する。

31 裏面の状態

裏面は隙間ができないようにE耐火レンガと耐火セメントでふさぐ。

32 ポットフィートに細工をする

N石板の支えとなるOポットフィートの裏面にディスクグラインダーで櫛目を入れておくと足付きがよく(とれにくく)なる。

33 レンガを削る

S鋳物扉上部の両側面にOポットフィートを取り付けるための彫り込みを行う。ディスクグラインダーを寝かせて削る。

34 石板を設置する

N石板とOポットフィートをモルタルで固めた状態。溝を彫ることで接着面積が増えるため、剥離しにくくなる。

35 赤レンガを積む

A赤レンガとD焼過レンガを側面と正面にミックスして積む。二重構造にすることで保温効果が高まる。

36 垂直の確認

レンガ積みは乾燥との闘いになるため、気づかないうちに角の垂直がずれる。時々水糸をたらして確認するとよい。

37 裏面のレンガ積み

裏面はコストを削減し、C赤レンガ半平を積んでいく。安定しにくいので、隙間にモルタルを半分入れたら砂を入れて、を繰り返す。

38 レンガの汚れ落とし

モルタルは固まると汚れを落とすのが厄介なため、レンガの施工がひと段落するたびに濡らした洗車用スポンジで表面の汚れを拭いていく。

39 煙突を施工する

D焼過レンガを4個並べて煙突の基礎を作る。焼過レンガの耐火性能は200〜300度なのでE耐火レンガのほうが安心。

40 レンガ屋根部用の型枠を製作
レンガアーチをつくるため、パネルをカットする。さしがねを足で押さえて曲げる方法で行えば望んだカーブが取りやすくて楽。

41 型枠用のパネルをカットする
ジグソーでカットしたら、端材を反転してコピーする。同じようにカットし、これをさらにコピーして2枚のパネルを切り出す。

42 板でつなげる
パネルを前後に置き、板材をビスで固定していく（画像のような薄い板だと、レンガの重みで反ってしまうことがのちに判明。厚い板をおすすめする）。

43 レンガを仮並べする
型枠が完成したらレンガをのせて仮並べを行い、きれいに納まる場所に油性マジックで印をつけておくとよい。

44 レンガをカットする
アーチの両端の納まりが悪いため、C赤レンガ半平を斜めにカット。写真のように固定し、裏表から切り込みを入れるとよい。

45 レンガアーチの押さえ
カットしたC赤レンガ半平をモルタルで施工。型枠の隙間からモルタルが落ちるので、型枠のアール部分全面に新聞紙を敷いておくとよい。

46 レンガアーチを施工する
印に合わせてレンガを並べる。木片などを挟んで均一なバランスで固定してからモルタルを詰め込むとつくりやすい。

47 屋根の完成
煙突部分の開口を残しつつ、レンガを交互にのせていき、モルタルを目地ゴテで隙間に詰め込む。

48 パネルを解体する
上側のパネルは前後のビスを外して型枠を解体する。工程29で設置したパネルはドリルで大きめの穴をあけ、細いノコギリで切りながら解体。

49 内部煙突を施工する
内部の煙突をアーチまで届かせる作業。レンガを2段積み、隙間のカーブをディスクグラインダーでカットして埋めていく。

50 レンガを入れる
アーチとの段差が生じている箇所があるので、内部にもレンガを入れる。目地が甘い箇所には耐火セメントを詰め込む。

51 上部煙突を施工する
上部煙突を施工する。目立つ箇所なので水平・垂直はとくに慎重に。

52 ビスを入れておく

Mテラコッタプレートを取り付ける場合は、前もって設置箇所の目地にステンレス製のビスを入れておくと剥離しにくくなる。

53 テラコッタプレートを付ける

Mテラコッタプレートの裏面に耐火セメントをたっぷり充填して貼り付ける。

54 微調整する

中央の位置にくるように微調整する。ぶどう棚を設置する予定だったのでぶどうモチーフを選んだ。

55 煙突を施工する

K黒レンガとLピンコロ石を耐火セメントで施工し、Jヨークシャーペイピングをのせて完成。

56 隙間をふさぐ

アーチと煙突の隙間をD焼過レンガでふさぎ、裏面からロックウールを詰め込み、断熱性能を高める。

57 裏面をふさぐ

C赤レンガ半平をアーチのカーブに合わせてカットして施工していく。最後の1枚が難しい。ペグで押さえながら目地を詰めて完成。

point 一層式単燃焼タイプの石窯は、一度、薪や炭などの燃料を移動するか、捨ててから調理するスペースを作る必要がありますが、今回のような二層式なら、薪や炭などの燃料をそのままにして調理でき、石窯の温度が下がってくれば、追加で薪や炭などの燃料を焚くこともできます。

ビールがすすむレンガのバーベキュー炉

製作時間：4日　予算：20,000円　→ p.99

外構DIY
→ p.129

material

- A　赤レンガ（高60×幅210×奥100）×20個
- B　赤レンガ半マス（高60×幅105×奥100）×4個
- C　焼過レンガ（高60×幅210×奥100）×20個
- D　耐火レンガ半平（高40×幅230×奥114）×8個
- E　軽量ブロック（高100×幅390×奥190）×2個
- F　軽量ブロックコーナー（高100×幅390×奥190）×1個
- G　軽量ブロックコーナー1/2（高100×幅190×奥190）×2個

tool & other material

セメント／川砂／砂利／砕石／耐火セメント（アサヒキャスター）×1袋／鉄筋（直径6.35×長700）／水平器／水糸／シーラー（塗料との密着性を高める）／グラスファイバーメッシュ（クラック防止）／水性コンク（着色剤）／盛り板／左官ゴテ／目地ゴテ／トロ船／ゴムベラ／洗車用スポンジ／焼き網（高4×幅600×奥400）×2個／土／鉄工用ドリルオイル／ジグソー／石材用ドリル刃／シャベル／マスキングテープ／ホワイトセメント／珪藻土／漆喰

1　設計する

ピザ窯を完成した後で若干のスペースを有効活用することにした（中途半端な場所のため、つくり方の参考程度と考えてください）。

2　ブロックを施工する

モルタルをつくりかまぼこ状に2列置いて、水に浸したEFG軽量ブロックをコの字形にのせていく。市販の焼き網（幅600×奥400）が入るサイズに設計。

3　土を入れる

2の中に2/3程度土を入れてよく踏み固める。レンガを仮配置してみる。

4　砕石を入れる

ちなみにブロックはディスクグラインダーではカットできないのでブロックのサイズに合わせて炉をつくる。砕石を深さ約5センチ程度入れ、踏み固める。

5　コンクリートをつくる

セメント1：川砂2：砂利3の割合でコンクリートをつくり投入する。

6　平らにならす

左官ゴテで平らにならす。左奥のレンガはブロックの幅が中途半端になってしまったことからのサイズ合わせ。

7　レンガを水に浸す

レンガが乾燥しているとモルタルの水分を早く吸収してしまうため、接着が甘くなる。必ず10分以上水に浸すのが鉄則。

8　耐火レンガを施工する

ACのレンガをミックスしてモルタルで接着し壁をつくっていく。D耐火レンガ半平をモルタルで施工。平らになるように板などを当てて確認する。

9　鉄筋のカット

焼き網をのせるための鉄筋をカットする。切る箇所にマスキングテープを巻きつけ、鉄工用ドリルオイルを塗る。

10 ジグソーで鉄筋をカットする

ジグソーの刃を鉄工用に交換してカットする。一気には切れないので、半分まで切り込みが進んだら反対面から切り進めて折るイメージ。

11 レンガに穴をあける

石材用のドリルの刃を用意し13ミリの穴をあける。深さは25ミリ程度（両サイドにレンガの壁をつくる場合は不要）。

12 鉄筋を取り付ける

3カ所へ平行に穴をあけたら、モルタルを詰めて1段目の鉄筋を差し込む。ここに網をのせて炭を起こす。鉄筋は地面から400ミリ程度に設計。

13 レンガを積む

レンガを5段積む。モルタルをのせて半分に分けると水平や位置決めがしやすい。ただし、レンガ用の大きなコテより園芸用シャベルが使いやすい。

14 目地詰め

ベニヤに持ち手の角材を取り付けた簡単な盛り板を使用。目地ゴテで詰め込みならしていく。汚れは洗車用スポンジで拭き取る。

15 耐火セメントを使う

床面は灰が落ちるだけだが、念のため耐火セメントを目地に使用。

16 鉄筋を取り付ける

レンガの壁を5段積んだら、2段目の鉄筋を取り付ける。コテを入れにくくなるので、目地入れを先に終えておくとよい。最後にレンガを2段施工する。

17 焼き網を設置する

下段で炭をおこし、上段で食材を焼く設計。床面からの高さがちょうどよく、立ち作業に適している。

18 左奥の仕上がり

今回は手を抜いたのでやや仕上がりは微妙だが、ブロックとレンガのサイズを調整すればきれいにできる。

19 シーラーを塗装する

ブロックがむき出しでは味気ないので、化粧すると雰囲気がよくなり耐久性が増す。マスキングをしてシーラー（塗料などの密着性を高める）を2度塗り。

20 化粧する

化粧はホワイトセメントに水性コンクを混ぜてモルタルをつくる方法が簡単。今回は余っていた珪藻土に漆喰と水性コンクをブレンドして使用（自己流）。

21 ひび割れを防止する

ブロックのクラック防止にはグラスファイバーメッシュがおすすめ。20のあと、乾く前に手早く表面に貼り付ける。メッシュの上から再度塗り込めて完成。

折りたためるガーデンテーブル

製作時間：3時間　予算：2,500円　→ p.99

material
- A　脚：赤松クリアー材（厚30×幅45×長840）×4本
- B　丸棒：ヒバ（直径24×長約530）×4本
- C　天板：SPF（厚19×幅89×長650）×7枚
- D　押さえ板：赤松クリアー材（厚28×幅38×長600）×2本

tool & other material
木工用ボンド／木割れ防止ビス／六角ボルト（M10 ネジ部分 70mm）×2個／蝶ナット×2個／ワッシャー×2個

※寸法に「約」がついている箇所は現物合わせ

1　先端を60度にカットする
A脚の先端を60度にカットする。

2　残りの脚をカットする
4本のA脚を同じように両端をカットする。

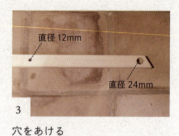

3　穴をあける
A脚の中央に六角ボルトが入る直径12ミリの下穴をあけ、両端にB丸棒が入る直径24ミリの下穴をあける。

4　天板を製作する
C天板を4ミリの隙間をあけて並べる。そこにD押さえ板をボンドで接着し、乾いたら木割れ防止ビスで固定する。

5　脚を固定する
A脚2本をクロスさせて、ボルトと蝶ナットで固定する。これを2組作る。

6　丸棒を接着する
B丸棒2本を520ミリにカットし、○印のA脚の穴にボンドで接着する。もう2本の丸棒は×印のA脚に入れ現物合わせでカット（約455ミリ）し接着。

天板をのせて完成

point
お子さんの運動会やキャンプなど、アウトドアで重宝する折りたたみ式のテーブル。「スペースがない」「メンテナンスが大変」という人にもぴったり。パッと出してパッと片付けられるから、ポカポカ陽気の日にはお庭でコーヒー、読書なんて素敵な時間も楽しめるのです。

モルタル施工と
レンガ積みのポイント

庭作りにおいて、モルタルの施工やレンガ積みは必須です。
難しそうに感じるかもしれませんが、材料と道具をそろえて
手順さえ守れば、意外と簡単にできてしまいますよ。
やってみて、一番必要だと感じたのは「根気」でした。

コンクリートとモルタルの違い

・どちらもセメントと川砂を混ぜて作る。

コンクリート 砂利入りで強度がある。土台などに使用する。

セメント ： 川砂 ： 砂利
　1　　：　2　：　3

セメントと川砂を入れてとにかく混ぜる。色が均一になったら、砂利を入れてひたすら混ぜる。砂利が見えないくらいに混ざりきったら、水を入れて練る。

モルタル 砂利は入っていない。なめらか。レンガ・ブロックの目地や壁の化粧に。

セメント ： 川砂
　1　　：　3

セメントと川砂をスコップなどでしっかりと混ぜる。セメントと砂が混ざり合って砂の粒が見えなくなるまで混ぜること。色が均一になったら水を加えて練る。耳たぶくらいの固さをめどに。

使用する主な道具

盛り板 ……………………… モルタルを盛って、コテですくうための板。
左官ゴテ …………………… モルタル塗りをするためのコテ。レンガゴテや目地ゴテなど、用途によってさまざまな種類がある。
トロ船 ……………………… セメント・川砂・水などを入れてかき混ぜて練るための頑丈な容器。
　　　　　　　　　　　　　セメントはかなり重いのでバケツなどでは代用できない。プラ船とも。
ゴムベラ …………………… 撹拌器や盛り板、左官ゴテにこびりついて固まってくるモルタルを素早くこそぎ落とせるので、
　　　　　　　　　　　　　材料を使い切ることができる。
シャベル …………………… モルタルを混ぜる時などに使う。
ゴム手袋 …………………… 混ざりきらない場合に手で混ぜることもある。セメントを扱うと手が荒れるので必需品。
洗車用スポンジ …………… 汚れの拭き取りに。モルタルが約30分で固まるので、乾かないうちに濡れたスポンジで拭き取る。
濡れ雑巾・濡れタオル …… レンガやブロックが乾燥しないように覆う。
水糸・テント用のペグ・水平器 … 水平を確認するため。水糸を張る際、テント用のペグは重宝する。
シーラー …………………… 定着させるための吸水調整剤。
　　　　　　　　　　　　　化粧下地として塗ることで、漆喰やモルタル、塗料との密着性が高まる。

レンガの施工

積み方
積みたい場所にモルタルを盛り、真ん中に線を引いて2列にすると水平がとりやすい。レンガの目地幅は8〜10ミリ程度。同じ厚みの木片を挟んでおいて生乾きのまま40分ほど放置し取り外す方法が、初心者には簡単。

水分に注意
レンガやブロックは、施工前にあらかじめ水に10分以上浸けておく。施工中は濡れた雑巾などで覆って乾燥を防ぐ。レンガやブロックが乾いてくるとモルタルの水分が吸われてしまい、少しぶつけてもとれてしまう。

スピードが必要
30分ほどで固まるので、30分で使い切れる分量を作ること。作りすぎると捨てるのに苦労する。モルタルを練り、水糸を張り、1段施工するごとに水平器をのせて水平を確認しながら積んでいく。乾燥との闘いなので、夏場は初心者にはおすすめしない。

折りたたんで運べる子ども小屋

製作時間：3日　予算：30,000円　→p.100

material

- A　床木枠（側面）：杉（厚36×幅40×長815）×2本
- B　床木枠（手前・奥・中央）：杉（厚36×幅40×長760）×3本
- C　補強材：杉（厚36×幅40×長743）×1本
- D　床板：杉（厚13×幅90×長832）×9枚
- E　木枠（縦）：杉（厚30×幅40×長1,210）×4本
- F　補強材（開口部）：杉（厚30×幅40×長1,180）×2本
- G　補強材（中央）：杉（厚30×幅40×長約1,753）×1本
- H　木枠（横）：杉（厚30×幅40×長860）×4本
- I　木枠（上面）：杉（厚30×幅40×長約800）×1本
- J　木枠（斜め）：杉（厚30×幅40×長約800）×4本
- K　補強材（中央）：杉（厚30×幅40×長約538）×1本
- L　補強材：杉（厚30×幅40×長140）×4本
- M　見切り材：赤松（厚18×幅55×長1,175）×4本
- N　見切り材：赤松（厚18×幅55×長約990）×2本
- O　踏み板：米松（厚15×幅70×長590）×1枚
- P　木枠（横）：杉（厚30×幅40×長750）×8本
- Q　木枠（縦）：杉（厚30×幅40×長1,170）×4本
- R　補強材：杉（厚30×幅40×長400）×4本
- S　窓枠（側面）：米松（厚15×幅65×長約395）×4枚
- T　窓枠（下面）：米松（厚15×幅85×長390）×2枚
- U　窓枠（上面）：米松（厚15×幅65×長約310）×2枚
- V　木枠（縦）：杉（厚30×幅40×長1,000）×4本
- W　木枠（横面）：杉（厚30×幅40×長850）×8本
- X　破風板：米松（厚15×幅65×長1,095）×4枚
- Y　屋根板：杉（厚12×幅150×長410）×36枚
- Z　壁下地（表・裏）：ラワンベニヤ（厚3.6×幅910×長1,820）×8枚

tool & other material

木工用ボンド／ビス／木割れ防止ビス／釘／ダボ／蝶番×9個／L字形金具×4個／シーラー／ジョリパット：20kg／パネル（ラワンランバーコア）（厚18）

※寸法に「約」がついている箇所は現物合わせ

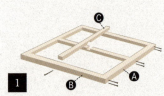

1　床の木枠を製作する

AB床木枠、C補強材の36ミリ面を上にし木工用ボンドで接着。乾いたらビスで固定する。C補強材はBの中央で仕口にして噛み合わせる。

2　床板を張る

D床板を木工用ボンドで接着し、乾いたら釘で固定する。

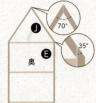

3　手前と奥の壁面木枠を製作する

J木枠、E木枠の接着部分を35度にカットし接着。H木枠をボンドで接着しビスで固定する。I木枠は開口部になるため現物合わせでカットし固定する。

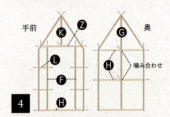

4　手前と奥の壁面木枠を製作する

手前面にFLK補強材を接着し、ビスで固定。奥面にG補強材を仮当てし、上部を70度にカット。H木枠との噛み合わせをつくる。

5　アーチを製作する

ラワンランバーコア材をジグソーで丸くカットし、入口のアーチをつくる。厚さが18ミリなので2枚張り合わせて厚みを出す。

6　ラワンベニヤを取り付ける

Z壁下地のラワンベニヤを現物合わせでカットし、木枠の両面に木工用ボンドで接着。乾いたら釘で固定する。

7 見切り材を取り付ける

M 見切り材を現物合わせで斜めにカットし、木工用ボンドで接着。乾いたら釘で固定する。

8 木枠（側面）を製作する

O 踏み板をイラストのようにカットし、木工用ボンドと木割れ防止ビスで固定。N 見切り材を現物合わせで斜めにカットし、木工用ボンドで接着。乾いたら釘で固定。

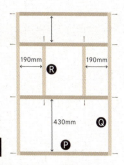

9 木枠（側面）を製作する

窓のある面の枠をつくる。PQR を木工用ボンドで接着し、乾いたらビスで固定する。これを 2 セット製作する。

10 ラワンベニヤを取り付ける

Z 壁下地のラワンベニヤを現物合わせでカットし、9 の木枠の両面に木工用ボンドで接着。乾いたら釘で固定する。

11 窓枠を取り付ける

STU 窓枠をカットし、木工用ボンドと釘で固定。U は両端を 45 度にカット。S は上部を 45 度にカット。T はイラストのように両端をカットする。これを 2 セットつくる。

12 蝶番を取り付ける

表面と側面の壁をたたんだ状態に重ねる。壁の厚さ 40 ミリ分ずらした位置で蝶番を 3 カ所に取り付ける。同様に裏面と側面も蝶番でつなげる。

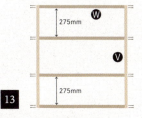

13 屋根の木枠を製作する

VW 木枠を木工用ボンドで接着し、ビスで固定する。これを 2 セット製作する。

14 屋根板を取り付ける

Y 屋根板の角をジグソーで丸くカットし、木工用ボンドで接着。釘で固定し、下面から重ねるように 3 段取り付ける。

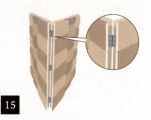

15 蝶番を取り付ける

開閉・収納ができるように蝶番を天面の 3 カ所に取り付ける。

16 破風板を取り付ける

屋根の正面と裏面に X 破風板をボンドと木割れ防止ビスで取り付ける。トップは 35 度にカットする。組み立て時は 2 人で持ち上げて本体にのせるだけ。

17 壁塗り

外壁となる Z ラワンベニヤにシーラーを塗り、乾いたらジョリパットで仕上げる。内装も同様。重厚な仕上がりとなって重量もかさむため、ペンキ仕上げとしてもよい。

18 L 字形金具を取り付ける

L 字形金具を正面壁面の裏側にビスで固定する。完成。安全のため、組み立て時に金具のもう片側をビスで固定して安定させる仕様。

素朴な風合いのバラのアーチ

製作時間：6時間　予算：7,000円　→ p.96

外構DIY → p.129

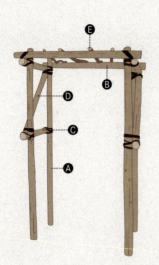

material
- A　柱：杭（直径90×長2500）×4本
- B　桁：杭（直径90×長1400）×4本
- C　横材：杭（直径90×長700）×4本
- D　筋交い：杭（直径90×長約1050）×2本
- E　横木：木の枝（直径30×長約800）×4本

tool & other material
ビス／シュロ縄／水道用硬質ポリ塩化ビニル管（直径180×長300）×4本／砕石／川砂／砂利／セメント／水平器／トロ船／左官ゴテ

※寸法に「約」がついている箇所は現物合わせ

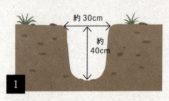

1 穴掘り
バラを植える場所を決めたらA柱を立てるため、地面を深さ40センチほど掘る。穴の直径は30センチ程度。これを4カ所掘る。

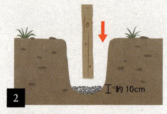

2 砕石と突き固め
砕石を深さ10センチほど入れて杭で突き固める。

3 塩ビ管をカットする
水道用硬質ポリ塩化ビニル管をノコギリや丸ノコを使って長さ30センチ程度にカットする。これを4個つくる。

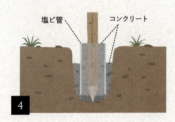

4 柱を立てる
塩ビ管を置き、その中にA柱を立てる。セメント1：川砂2：砂利3の割合でコンクリートをつくり、塩ビ管内と外に投入する。固まる前に柱の垂直を調整する。

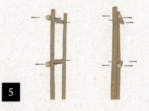

5 横材の取り付け
A柱にC横材をビス（120ミリ）で固定する。水平器で水平・垂直を確認しながら行う。あらかじめ横材に下穴をあけておくとビスを取り付けやすい。

6 桁の取り付け
C横材にB桁をのせ、ビスで固定する。

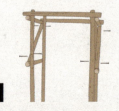

7 筋交いを取り付ける
C横材の間にD筋交いを現物合わせでカットし、ビスで固定する。

8 横木を取り付ける
E横木をビスで取り付ける。

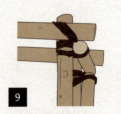

9 シュロ縄で補強する
シュロ縄を巻きつけ、きつく縛って補強したら完成。

column 04 丸林さんちの階段コレクション

階段の作り方は、関心のある方が多いテーマ。使いやすい段差の設計が最重要課題です。また、室内の階段に使う踏み板には、ある程度厚みのある板をおすすめします。

室内編

メインの階段には、踏み板には無垢の板を使用。ゆるやかなカーブを描く踊り場の設計がユニーク。

コンパネに石こうボードを取り付けて、漆喰で仕上げた道具小屋の階段、中は大容量のクロゼットになっている。

屋内で使うはしご。これが作れたらロフトに上がることもできるようになる。
（作り方はp.85を参考に）

column 04 丸林さんちの階段コレクション

外階段編

リビングから外に出るためにつくった
枕木のステップ。→ p.106

テラコッタを貼った階段。

裏口のウッドデッキへ続く木の
階段。接地面が腐らないように
テラコッタの床も作った。

雨が家の中に吹き込まないように、
階段と窓を覆う庇も製作した。

Chapter.5
DIY Basics

家具をつくる時になくてはならない道具と工具。
木工の楽しみを広げてくれる、
本当に必要な少しの道具・工具類と、
あれば楽になる、役立つ道具・工具類を
それぞれご紹介します。
基本の動作の解説で、
電動工具の正しい使い方をマスターして
DIYライフを豊かにしましょう。

道具

基本の道具

すべてを最初にそろえる必要はありません。
ここでは、最初にあったほうがよい基本の道具をご紹介します。

さしがね
木材に垂直な墨線を引けるのがさしがね。長い方を長手、短い方を妻手（つまで）、直角の箇所を矩手（かねのて）という。矩手は90度を測ったり、木材を45度切りしたりするのに欠かせない。

鉛筆
さしがねとともに墨付けに使う。HBの硬さくらいがよい。

金づち
釘を打ったり、物を叩いてつぶしたり、平らにならしたりする道具。大きさや持ちやすさはそれぞれ。自分で持ってみて頭の部分が重すぎないもの、振ってみて無理のないものを選ぶことがポイント。

ノミ
[幅広] [幅狭]
幅狭は、細かい箇所を削りたいときに、幅広は大きな面積を削りたいときに使用。木材に穴をうがったり、溝を掘るだけでなく、木材の角を丸めるのにも使う。さまざまなサイズや形状があるので、用途に合わせてそろえておこう。

ノコギリ
木材をガイドにぴったりとあてて固定する。刃は線の真上ではなく、刃の厚みを考えながらセットする。

ドライバー
はじめから新しい道具を多くそろえない場合は、ドライバーセットを使って、手動で行うのもあり。ドライバーセットのキリで下穴をあけたり、ドリルドライバーの代わりにドライバーでビスを留めることもできる。

ジグソー
電動ノコギリの一種。切る方向を自由に操ることができ、曲線を切るのもノコギリより簡単にできるので、1台あると便利。もちろん直線もきれいに切れる。

充電式インパクトドライバー
パワーがあるので穴あけやビス留めに大活躍。充電式なのでコードが邪魔にならず、場所を選ばずに作業できる。

DIY Basics

Tools

水準器
地面に対する角度、傾斜を測るときに役立つ。水平、垂直、45度が確認できる。

木工用ボンド
木材同士を接着するためのもの。適度な粘度と速乾性があり使いやすい。

タイトボンド
木工用ボンドに比べて水分が多いため扱いづらいが、耐水性があり接着力が高いボンド。はみ出した部分を削ることが可能で、接着剤自体にも着色できるので便利。

クランプ・ハタガネ
木工締め具。家具や箱作りに活躍する。できれば3～4個持っているのが望ましい。木材はソリのあるものが多いため、釘やビスを打つ前に木材同士をボンドでつなぎ、ハタガネで固定させて接着する。サイズは450～600mmが一般的。

メジャー
テープが出た状態でロックすることができるものが便利。長さもさまざまあるが、3.5mもあれば十分。

釘　カクシ釘　ビス　木割れ防止ビス　マイナスネジ　飾り鋲　蝶ナット

釘類
ビスは、木材を締結するネジのことで、木ネジとも。頭部の形状が皿状で、平らなものが木工では一般的。釘は、さまざまな規格のものがあるが、鉄丸釘が幅広く利用される。打ち込む板の厚さの2～3倍の長さが目安。薄い板に大きすぎる釘を打つと、板が割れることもあるので注意。カクシ釘は釘を打ったあと、頭の部分が折れて隠れる釘。

鋲・ナット
蝶ナットは、工具を使わずに締めることができるナット。取り外しをしたい箇所に使用する。飾り鋲は装飾用。本書ではビスの頭を隠すために太鼓鋲を使用。

木ダボ
木材同士の接合に使用する（p.145参照）解体や分解ができないので、一番最後に行うこと。6mm、8mm、10mmなどの規格がある。

DIY Basics

道具

あると便利な道具と工具

つくる家具によっては必要な工具。自分に合ったものを少しずつそろえるとよいでしょう。修理のことを考えると、国産のものがおすすめです。

電気丸ノコ
円形の刃を回転させて木材を切る電動工具。直線切りは、ノコギリやジグソーよりずっと早く切断できる。ただし取り扱いには十分に注意が必要。

丸ノコスタンド
小型テーブルソー。電気丸ノコを裏側に取り付けて使うテーブル。木材を木目と平行に縦に切る縦引きに欠かせない道具。より本格的な家具づくりをしたい人におすすめ。

ルーター
溝を彫ったり、飾り面取りをするための道具。ビットとよばれる刃を交換すればさまざまな形に飾りを彫ることができる。飾り面取りをすると、作った家具の見映えがぐっとアップする。

ルーターテーブル
裏側にトリマーを取り付けて、上に出したビットで木材を削る道具。ルーター同様、さまざまな装飾を施すことができるようになる。

大口径ドリルビット
大きな穴をあける際に必要なビット。ドリルドライバーやインパクトドライバーに取り付けて使う。

スライド丸ノコ
丸ノコがついたアームを下げて、木材を切る道具。丸ノコが前後にスライドするので、安全かつ楽に木材が切れる。

ディスクグラインダー
レンガや石材、タイルなどをカットする際に必ず必要な工具。初めて使用する際は怖いけれど、グリップが付いているこのタイプは安全性が高い。（レンガやタイルをカットする作業では使用頻度高め）

電動カンナ
木肌がツルツルに加工されていない木材をきれいにするカンナの電動版。古いペンキを剥離する際にも使う。（使用頻度は低め）

Tools

卓上ボール盤

ワークテーブルに材料を固定してドリルで穴をあける工具。安定した回転数で垂直に穴をあけられるので便利。同じ位置に穴をあけたい時などに大活躍する。（使用頻度は低め）

振動ドリル

コンクリートや石材の穴あけの際に「振動なし→振動」にスイッチを入れて使用する。

攪拌機

漆喰やモルタルなどの壁材を広い面積に塗るときに欠かせない攪拌機。水を含んだ壁材は重いので、混ぜているだけで疲れてしまう。それほど使用しないならホームセンターのレンタルもおすすめ。

ガンタッカー

主にラス網や防水シートなどを固定するための建築用ホッチキス。通常のホッチキスは紙をはさんで使用するが、ガンタッカーは材料の上から打ち込んで使う。本書では丸椅子（p.36）で使用。

鉄鋼用ドリルオイル

鉄材を切ったり穴をあけたりする際に、滑りをよくして加工しやすくする。

水糸

ウッドデッキやレンガ積みの際に水平・垂直を示すのに使う。

トタン用ハサミ

トタンを切りやすいように刃が波状になっている。

DIY Basics 139

道具

削る道具

サンダー

紙ヤスリを切って底面に金具で固定して使う。滑らかな木肌にするなど仕上げの際に。小型のタイプなので軽くて騒音も小さい。（使用頻度高め）

ベルトサンダー

ベルト状のヤスリが回転して木材を削る工具。サンダーの紙ヤスリよりも耐久性が高く、短時間でたくさん削れるので粗削りに使用する。重いのと音がうるさいのが欠点。（使用頻度高め）

カンナ

木肌をツルツルに整える道具。難易度は高い。我が家では木材の角を丸めるために使用。

紙ヤスリ

サンドペーパー。番号が若くなるにつれて目が粗くなる。木材の仕上げに表面をなめらかにしたいときは、中目、細目を使おう。数種類そろえておくと便利。

塗る道具

ローラー

広範囲をスピーディーに、そして均一に塗ることができる塗装用具。

左官用コテ

壁面の漆喰仕上げやモルタル仕上げの際に使用する。さまざまな用途に適した形が販売されているので、よく確認して購入しよう。

ゴムベラ

左官作業の時に角部分を丸めるときに使う。攪拌機やバケツにこびりついた漆喰などをきれいに使い切るときにも使用する。

ハケ

塗料を塗る道具。ペンキ、オイル、ニスなど塗料や用途によって、数種類そろえておくとよい。

Tools

木材

ベニヤ　松　杉

廃材　古材

古材・廃材
古材や廃材を使えば、雰囲気のある家具が作れる。材木屋や古道具屋、ネットなどで入手できる。

杉
柔らかく加工しやすい木材であり、価格も安く塗料の染み込みもよい優良木材。木目が縦にまっすぐで、縦に割れやすいのと、反りやすいため、机の天板などには向かない。

ベニヤ
薄く切った板を何層にも合わせた合板。安価で厚みとサイズが豊富。アンティークの風合いにはやや合わないが、棚の背板や引き出しの底板などに活躍。

松（SPF材）
SPFとは、トウヒ（SPRUCE）、松（PINE）、モミ（FIR）の頭文字からきた名称。値段は杉よりやや高めだが、しっかりした家具を作りたいときに最適。素材は軽く、適度に柔らかいので加工しやすい。

塗料

❶ VATON
自然系木部用浸透型着色剤。安全性が高いため、フローリングや室内家具に適している。

❷ ワトコオイル
植物油でできた木材専用の浸透性塗料。表面に塗膜を残さず、木目を生かせるナチュラルな塗料。

❸ ホールクラックアップ
木材の表面に、経年劣化のようなひび割れ模様を作れる塗料。単品ではひび割れ模様は出ないので、下地にバターミルクペイントを塗り、乾いたら下地とは逆の方向に（下地が縦目なら本品は横目に）塗る。

❹ ウッドステイン
木の仕上げのコーティングに最適。

❺ バターミルクペイント
ミルクカゼインと天然素材でできた自然塗料。仕上がりがマットで、色の種類も多く、中間色のやわらかい色味が魅力。家具やブロック、壁などに使用できる。

❻ くるみオイル
くるみのみから採れる乾性オイル。光沢が出て木目の自然な風合いが出る。

❼ 木製食器用オイル
口に入っても無害で無味無臭のミネラルオイル。木製のトレイ、皿などの表面を保護するのに使う。

❽ 蜜蝋ワックス
家具のメンテナンスに使用。木材になじませるように拭く。蜜蝋成分が木を保護し、自然な艶がよみがえる。

❾ 外装用水性ペンキ
被膜でコーティングするペンキタイプ。木の節などが目立つ安価な木材に塗るときれいに仕上げられる。

❿ キシラデコール
木材の防腐剤としては信頼性の高い商品。ステイン系の塗料のように木に染み込むタイプ。色の種類が豊富。室内家具には使用不可。

⓫ クレオソート油
比較的安価な木材の防腐剤。以前はにおいがきつく環境にも悪いと敬遠されていたが、改良されてから使用頻度が高くなった。

⓬ ペイントうすめ液
油性のステインなどを薄めたり、刷毛の洗浄に使用する。

基本の動作

基本的な動作をマスターすれば、家具作りはその繰り返しです。
切る・つなぐ・削るの動作を、道具の使い方とともに説明します。

切る　Cut

ジグソーで切る

ジグソーをマスターすれば、曲線切りが自由自在です。

1 墨付け
木材に、カットする線を鉛筆で引く。

2 作業台の上でカット
電動工具は刃のスピードが上がって安定してから切り始めること。

3 カーブはゆっくり
カーブのきつい部分は、あわてずに、刃を戻したり進めたりしながらカットするとゆがみなく切れる。

4 サンダーをかける
切り終わった木材にやすりをかけて完成。ベルトサンダーを裏返して木材の方を動かすと効率的。

丸ノコで切る（スライド丸ノコ）

スライド丸ノコがあれば、手で切るよりずっと早く、まっすぐ切れるんです。

1 さしがねで垂直に線を引く
さしがねの水平部分を木材の側面に引っ掛けるようにあてると、垂直に線を引くことができる。

2 木材をガイドに固定する
木材をガイドにぴったりとあてて固定する。刃は線の真上ではなく、刃の厚みを考えながらセットする。

3 刃を回転させ木材を切る
手元のスイッチを押し、刃の回転が安定したら、レバーを下げて木材をカットする。

4 刃をスライドさせる
刃を回転させたまま、レバーを奥にスライドさせてカットしていく。切り終わったら刃を上げてスイッチを切る。

45度切り（ノコギリ）

ふつうの家具を作るときは、大きいノコギリの方が使いやすいです。

1 さしがねで45度を測る
木材の縁に写真のようにさしがねの左右の同じ数字を合わせると、45度が簡単に測れる。

2 線を引く
1の状態で、45度の線を鉛筆で引く。

3 あて木をしてカット
ノコギリで木材を切る。線に合わせて、あて木をするとまっすぐに切ることができる。

4 45度切りした面を合わせる
45度にカットした面を合わせれば完成。額縁や窓枠のような枠をつくることができる。

Basic Process

45度切り（スライド丸ノコ）

スライド丸ノコを使うと、角度切りが簡単、そして早く正確にできます。

1 線を引く
45度の線を鉛筆で引く。

2 台と刃をセットする
差し金で45度に線を引いたら、台と刃を回転させ、台にある目盛りの45度に合わせる。

3 刃を回転させてカット
木材をガイドにあてて固定する。刃の厚みを考慮しつつ刃を下ろしてカットする。

4 45度切りした面を合わせる
45度切りが完成したところ。

斜め45度切り（スライド丸ノコ）

摩擦が大きくて難易度が高い斜め45度切りですが、スライド丸ノコを使えばできます。

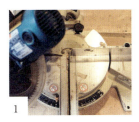

1 刃の部分を横に倒す
スライド丸ノコは、刃の部分を斜めに倒して、角度を45度にセット。

2 木材をカット
木材をガイドにあてて、刃の回転が安定したらレバーを下ろしてカットする。

3 切り終わった断面
斜め切りは、45度に限らず、いろんな角度を設定できる。

4 切断面を合わせる
45度に切断した面を、写真のように合わせる。ふつうより見映えが美しい。用途は箱など。

縦引き（丸ノコ・丸ノコスタンド）

木目と平行に切る縦引き。スタンドをセットするのは少し大変ですが、作業は簡単です。

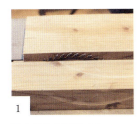

1 刃の長さを調節する
丸ノコの刃の長さは、安全のためカットする木材の厚みと同じくらいになるよう調節する。

2 木材をカットする
丸ノコのスイッチを入れて、木材をガイドにあててカット。刃が回りっぱなしになるので巻き込みに注意。

3 木材の押さえ方
刃が手前に回ってくるので、木材が浮き上がりやすい。そのため、2カ所で押さえるとよい。

4 手で割る
切り終わりは、薄皮でつながっているので、手で簡単に割る。切断部分に残った薄皮を、手できれいに取り除く。

DIY Basics

基本の動作

●● 厚い木材の縦引き（丸ノコと丸ノコスタンド）

厚い木材の縦引きの安全な切り方を紹介します。

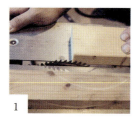

1

刃の長さを調節する

刃の長さは、木材の厚さの半分に。無理に一度で切ると機械に負荷がかかるので、数回に分ける。

2

片面をカットする

丸ノコのスイッチを入れ、ガイドに合わせて半分の厚さまでカットする。1度に切ろうとするとあばれる。

3

裏側からもカットする

木材を裏返して、反対側からもう一度カットする。

4

切り終わりに注意する

最後に丸ノコの回転力で木が飛ぶこともあるので、端を押さえながら切るようにすること。

●● L字形に切る（丸ノコ・丸ノコスタンド）

木材を2方向からカットすれば、L字形のパーツも作れます。

1

L字形の1辺をカット

丸ノコの刃を、カットしたい面部分と同じ長さまで出して、線の内側に刃をあててカット。

2

もう1辺をカット

木材を倒して、刃の長さとガイドの位置を調節し直し、L字型のもう1辺をカットする。

3

切り終わりに注意する

切り終わるときは、しっかり端を押さえること。誰かに押さえてもらうのもいい。

4

L字形のパーツが完成

L字形のパーツが完成した。

●● 銅管を切る（ジグソー）

水槽（p.40）などに使った銅管や鉄管は、ジグソーでカットできます。

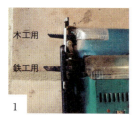

1

刃の違い

ギザギザの木工用と刃の細かい鉄工用の刃。銅管や鉄管を切る際はジグソーに鉄工用の刃をつける。

2

印とオイルをつける

切る場所にマスキングテープで印をつけ、刃の滑りをよくするため、鉄工用ドリルオイルをつける。

3

ジグソーで切る

マスキングテープの位置を確認しながらカットする。

4

ヤスリでみがく

切り口をヤスリでみがく。さわって危なくない程度にならせばOK。

Basic Process

つなぐ *Joint*

•• 釘でつなぐ（釘）

釘の打ち方は、木工作業の基本。下穴をあければ、釘が曲がることもなく、難なく釘が打てます。

1
下穴をあける
釘の直径よりも細いドリルで下穴をあける。穴の深さは、釘の長さの3分の2くらいが目安。

2
ボンドをつける
ボンドを接着面に塗って、接着する。

3
接着する
金づちは上から振り下ろす。打ちはじめは手を添えること。ハタガネで木材を固定しておくと、板がずれない。

4
最後まで打ち込む
釘の頭がはみ出さないように、最後まで打ち込む。下穴をあけているので板が割れにくい。

•• ダボでつなぐ（ダボ）

ダボとは、木製の短い丸棒のこと。きれいで本格的な仕上げができます。

1
ダボのサイズ
ダボとダボマーカーは、太さと長さがいろいろある。左から6、8、10ミリ。今回は8ミリを使用。

2
ドリルで穴をあける
ドリルでダボ用の下穴をあける。ドリルの先にダボが半分埋まる目安の位置にマスキングテープで印をつける。

3
ダボマーカーをはめる
ダボマーカーをはめる。

4
印をつける
つなげる木材に合わせ、金づちなどで叩く。そうすると、片方の木材にダボマーカーの印がつく。

5
印に穴をあける
ダボマーカーの印がついた箇所にドリルで下穴をあける。木材の向きがわかるように印をつけておくとよい。

6
ボンドをつける
最初にダボ穴をあけた片方の木材に、ボンドを入れて、ダボを金づちで奥まで差し込む。

7
ボンドを塗る
もう片方の木材のダボ穴にボンドを入れ、接着面にもボンドを塗る。

8
連結する
ダボに穴を合わせて、金づちで叩いて奥まではめる。はみ出したボンドは濡れ雑巾ですぐ拭きとる。

基本の動作

●● ビスでつなぎ、ダボで隠す

ビスが見えずきれいに仕上がります。

1
接着する
木材をボンドで接着する。

2
下穴をあける
ドリルの刃は、使うダボのサイズに合わせたサイズで、ビスの頭よりも直径が大きいものを選ぶこと。

3
ビスを打つ
大きめの下穴に、ビスをドリルでねじ込む。

4
ダボを入れる
ビスを打った上からボンドを注入し、ダボを金づちで奥まで入れ込む。

5
ダボを切る
ノコギリを板に水平にあてて、はみ出したダボをカットする。

6
ヤスリでみがく
このようにビスが隠れるので、美しく仕上げたい場所に使用する。ヤスリできれいに磨けば完成。

※ダボ隠しをすると解体ができなくなるので注意してください。

●● 木割れ防止ビスでつなぐ（木割れ防止ビス）

木割れ防止ビスは、下穴いらずで、しかもビスの頭が小さく茶色で目立たないのでおすすめ。

1
ビスを打つ
木割れ防止ビスをドリルドライバーで打つ。これで完成。

※通常のビスより細いので、強度の必要な箇所には使用しません。

Basic Process

溝を彫ってつなぐ（丸ノコ）

溝を彫って2枚の板を噛み合わせると、強度が増します。

1 捨て板をセットする

刃の丸みで端が切れないので、全部切れるように、ガイドの前に捨て板をセット。

2 ストッパーで固定

ストッパーをずらして刃の入る深さを固定する。溝の深さは、板の厚みの半分以下を目安に。

3 切り込みを2本入れる

捨て板の手前に溝を彫る板を置いて、引いた線の少し内側に切り込みを入れる。

4 溝を何度も切る

2本の切り込みの内側を何度もみじん切りにするようにスライド丸ノコでカットする。

5 溝が完成

捨て板ごとカットすることによって、板の奥側まで同じ深さで丸ノコの刃が入る。

6 溝を仕上げる

溝ができたので、ノミで溝の底を平らにする。さしがねを使ってもできる。

7 溝に板をはめ込む

金づちで叩くなどして板をはめ込む。

8 完成

このような立て看板にも。棚などを作るときは、ビスなどで固定すると、より強度が増す。

削る *Decorate*

飾り面取り（ルーターテーブル・ビット）

モールディングを買ってきて接着しなくても、窓やドアなどに直接装飾ができるようになるんです。

1 ビット（刃）のいろいろ

ビットには、大きいルーターと、小回りがきいて細かいことができるトリマーの2種がある。

2 ビットをセットする

ルーターテーブルにビットをセットする。

3 木材を削る

木材をガイドにあてて、端を押さえながら木材をスライドさせる。端もきちんと押さえること。

4 飾り面取りの完成

高速に回転するビットが木材の角を同じ形に削り、装飾が完成する。

木材のサイズ・価格リスト

木材の種類別に、サイズと価格の目安を記載しています。
＊価格は目安です。サイズは、木の収縮により異なる場合があります。

（厚さ×幅×長さ）

赤松　Japanese red pine

密度があって、堅さは中。
ややくるいはあるが、加工が容易で水湿に強く耐久性に富む。

タルキ

20 × 30 × 4000	¥330
20 × 40 × 4000	¥400
24 × 48 × 4000	¥388
30 × 38 × 4000	¥500
24 × 15 × 1985	¥180
45 × 15 × 1985	¥250
90 × 15 × 1985	¥480
45 × 90 × 3985	¥1350
45 × 105 × 3985	¥1580
45 × 35 × 2985	¥380
45 × 45 × 2985	¥490
45 × 55 × 2985	¥635
45 × 60 × 2985	¥675
45 × 90 × 2985	¥1030
90 × 90 × 1985	¥1450
75 × 75 × 2000	¥980
60 × 60 × 2000	¥650
40 × 60 × 1985	¥450
45 × 55 × 1985	¥420
45 × 45 × 1985	¥325
45 × 35 × 1985	¥255
40 × 30 × 1985	¥195

赤松野縁

30 × 40 × 2985 × 12本	¥3540
35 × 45 × 2985 × 6本	¥2280

クリアー材（面取り）

16 × 16 × 1950	¥308
12 × 28 × 1950	¥278
19 × 28 × 1950	¥278
24 × 15 × 1950	¥278
15 × 30 × 1950	¥278
24 × 30 × 1950	¥465
28 × 28 × 1950	¥470
28 × 38 × 1950	¥625
30 × 45 × 1950	¥810
36 × 45 × 1950	¥950
10 × 15 × 1950	¥250
15 × 45 × 1950	¥390
18 × 45 × 1950	¥465
24 × 90 × 1985	¥1360
24 × 105 × 1985	¥1590
24 × 120 × 1985	¥1820
24 × 130 × 1985	¥1960
24 × 150 × 1985	¥2270
45 × 45 × 1985	¥875
45 × 75 × 1985	¥1500
45 × 90 × 1985	¥1740
45 × 105 × 1985	¥2040

エゾ松　Yezo spruce

北海道産の松。
木肌が美しく実用的で、強度もある。
適度な吸湿性があり、家具や楽器などに
幅広く使用される。やや高級。

サイズ	価格
30 × 30 × 1820	¥660
40 × 40 × 1820	¥1150
24 × 24 × 1820	¥420
24 × 40 × 1820	¥700
24 × 60 × 1820	¥1080
24 × 90 × 1820	¥1600
14 × 14 × 1820	¥270
14 × 24 × 1820	¥270
14 × 30 × 1820	¥320
14 × 40 × 1820	¥420
14 × 60 × 1820	¥630
14 × 90 × 1820	¥930
14 × 120 × 1820	¥1250
14 × 150 × 1820	¥1550
14 × 180 × 1820	¥1850
14 × 210 × 1820	¥2180
14 × 245 × 1820	¥2480

タモ　Japanese ash

22 × 105 × 2000	¥4180
22 × 120 × 2000	¥5080
22 × 135 × 2000	¥5680
22 × 155 × 2000	¥7580

マホガニー　Mahogany

丸棒

4 × 4 × 900	¥115
5 × 5 × 900	¥130
6 × 6 × 900	¥155
8 × 8 × 900	¥210
10 × 10 × 900	¥250

角材

3 × 3 × 900	¥35
4 × 4 × 900	¥60
5 × 5 × 900	¥90
6 × 6 × 900	¥110
8 × 8 × 900	¥165

平角材

1 × 5 × 900	¥32
2 × 5 × 900	¥55
2 × 10 × 900	¥80
3 × 10 × 900	¥105
3 × 15 × 900	¥140
5 × 10 × 900	¥165

List of Woods

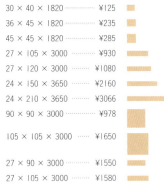

杉　Japanese cedar

柔らかく加工がしやすい。くるいは比較的少ないが、耐水性にやや劣る。
木目に沿って縦に割れやすい。

杉特等（KD材）
- 30 × 40 × 1820 ……… ¥125
- 36 × 45 × 1820 ……… ¥235
- 45 × 45 × 1820 ……… ¥285
- 27 × 105 × 3000 ……… ¥930
- 27 × 120 × 3000 ……… ¥1080
- 24 × 150 × 3650 ……… ¥2160
- 24 × 210 × 3650 ……… ¥3066
- 90 × 90 × 3000 ……… ¥978
- 105 × 105 × 3000 ……… ¥1650
- 27 × 90 × 3000 ……… ¥1550
- 27 × 105 × 3000 ……… ¥1580

杉材
- 36 × 40 × 1820 ……… ¥125
- 21 × 30 × 1820 ……… ¥165
- 10 × 30 × 1820 ……… ¥60
- 21 × 45 × 1820 ……… ¥90
- 13 × 90 × 1820 ……… ¥125
- 15 × 45 × 1820 ……… ¥70
- 30 × 30 × 1820 ……… ¥90

杉あいじゃくり板
- 12 × 180 × 1820 × 10枚 ……… ¥5180

杉三分板
- 9 × 90 × 1820 × 10枚 ……… ¥1580
- 9 × 150 × 1820 × 12枚 ……… ¥1500

杉野地板
- 12 × 150 × 1820 × 6枚 ……… ¥895
- 12 × 180 × 1820 × 5枚 ……… ¥895
- 12 × 240 × 1820 × 4枚 ……… ¥990
- 24 × 150 × 1820 ……… ¥495
- 24 × 180 × 1820 ……… ¥595
- 24 × 210 × 1820 ……… ¥695
- 24 × 240 × 1820 ……… ¥795

杉破風板 AD
- 21 × 150 × 3650 ……… ¥870
- 21 × 180 × 3650 ……… ¥1050
- 21 × 210 × 3650 ……… ¥1220
- 21 × 240 × 3650 ……… ¥1380
- 24 × 210 × 3650 ……… ¥3066

杉特等グリーン材
- 36 × 40 × 1820 ……… ¥120
- 21 × 45 × 1820 ……… ¥90
- 30 × 45 × 1820 ……… ¥120
- 60 × 60 × 3000 ……… ¥750
- 90 × 90 × 4000 ……… ¥1080

杉特1等
- 60 × 60 × 4000 ……… ¥750
- 90 × 90 × 4000 ……… ¥1080

杉クリアー材
- 30 × 40 × 1820 ……… ¥255
- 36 × 45 × 1820 ……… ¥360
- 45 × 45 × 1820 ……… ¥450
- 6 × 85 × 1800 ……… ¥280
- 45 × 105 × 1820 ……… ¥950
- 27 × 105 × 3000 ……… ¥930
- 27 × 120 × 3000 ……… ¥1080

米松　Norway spruce

樹脂成分により塗装障害を
起こしやすいので、注意が必要。
耐久性がややある。

- 42 × 15 × 3000 ……… ¥180
- 65 × 15 × 3000 ……… ¥270
- 42 × 38 × 3000 ……… ¥425

プレーナークリアー材
- 12 × 28 × 2985 ……… ¥415
- 19 × 28 × 2985 ……… ¥465
- 28 × 28 × 2985 ……… ¥690
- 38 × 28 × 3985 ……… ¥560
- 12 × 12 × 900 ……… ¥210
- 16 × 16 × 900 ……… ¥210
- 18 × 38 × 900 ……… ¥258
- 10 × 15 × 985 ……… ¥155
- 12 × 28 × 985 ……… ¥180
- 28 × 28 × 985 ……… ¥278
- 15 × 45 × 985 ……… ¥278
- 28 × 38 × 985 ……… ¥370
- 24 × 90 × 1000 ……… ¥690
- 24 × 105 × 1000 ……… ¥800
- 24 × 120 × 1000 ……… ¥910
- 24 × 130 × 1000 ……… ¥980
- 24 × 150 × 1000 ……… ¥1131

プレーナー加工材
- 15 × 45 × 3000 ……… ¥390
- 15 × 70 × 3000 ……… ¥610
- 15 × 95 × 3000 ……… ¥825
- 15 × 120 × 3000 ……… ¥1020
- 28 × 45 × 3000 ……… ¥725
- 28 × 70 × 3000 ……… ¥1130
- 28 × 95 × 3000 ……… ¥1530
- 15 × 38 × 1800 ……… ¥198
- 18 × 38 × 1800 ……… ¥238
- 25 × 38 × 1800 ……… ¥328
- 38 × 38 × 1800 ……… ¥478
- 30 × 38 × 1800 ……… ¥388

木材のサイズ・価格リスト

パイン集成材
Laminated pine

輸入松材。
断面の小さい板材を接着して再構成したもので、
幅が広いので机の天板や
階段の踏み板などに使われる。
強度がある。

- 15 × 100 × 1800 ……… ¥800
- 15 × 200 × 1800 ……… ¥1600
- 15 × 300 × 1800 ……… ¥2400
- 15 × 400 × 1800 ……… ¥3200
- 15 × 500 × 1800 ……… ¥4000

- 19 × 150 × 1830 ……… ¥1330
- 19 × 180 × 1830 ……… ¥1550
- 19 × 240 × 1830 ……… ¥2100
- 19 × 270 × 1830 ……… ¥2350
- 19 × 300 × 1830 ……… ¥2580
- 19 × 360 × 1830 ……… ¥3150
- 19 × 450 × 1830 ……… ¥3880
- 19 × 500 × 1830 ……… ¥4380

- 30 × 240 × 1830 ……… ¥3630
- 30 × 300 × 1830 ……… ¥4330
- 30 × 360 × 1830 ……… ¥5400
- 30 × 450 × 1830 ……… ¥6780
- 30 × 600 × 1830 ……… ¥9000
- 30 × 750 × 1830 ……… ¥11300
- 30 × 915 × 1830 ……… ¥13800

米トウヒ・松類・モミ類
SPF [Spruce-Pine-Fir]

松の仲間なので、節が多い。割れやすく、反りやすい。
松ヤニなどのデメリットがあり、
ステイン系の塗装には不向き。

- 2 × 4 (38 × 89 × 3658) ……… ¥598
- 2 × 6 (38 × 140 × 3658) ……… ¥1350
- 2 × 8 (38 × 184 × 3658) ……… ¥1950
- 2 × 10 (38 × 235 × 3658) ……… ¥2900
- 2 × 12 (38 × 286 × 3658) ……… ¥3850

- 1 × 4 (19 × 89 × 3660) ……… ¥430
- 1 × 6 (19 × 140 × 3660) ……… ¥980
- 1 × 8 (19 × 184 × 3660) ……… ¥1380
- 1 × 10 (19 × 235 × 3660) ……… ¥2480
- 1 × 12 (19 × 286 × 3660) ……… ¥3300

ラワン ランバーコア（パネル）
Lauan

- 15 × 910 × 1820 ……… ¥2480
- 18 × 910 × 1820 ……… ¥2880

構造用合板
Plywood

- 12 × 910 × 1820 ……… ¥1880
- 11.5 × 910 × 1820 ……… ¥1350

石膏ボード
Gypsum board

- 9.5 × 910 × 1820 ……… ¥320
- 12.5 × 910 × 1820 ……… ¥420

モールディング
Molding

- 10 × 10 × 1820 ……… ¥145
- 12 × 12 × 1820 ……… ¥225
- 12 × 12 × 1820 ……… ¥225
- 15 × 15 × 1820 ……… ¥320
- 10 × 17 × 2743 ……… ¥311
- 11 × 35 × 2743 ……… ¥680
- 21 × 12 × 2743 ……… ¥455
- 15 × 35 × 1820 ……… ¥930
- 40 × 21 × 1820 ……… ¥1530

シナ合板
Lynden plywood

- 4 × 900 × 900 ……… ¥1080
- 5.5 × 900 × 900 ……… ¥1400
- 9 × 900 × 900 ……… ¥2310

List of Woods

{ ウッドデッキ用 }

ヒノキ
Hinoki cypress

くるいが少なく、加工しやすい。
強度・耐久性に優れる。

90 × 90 × 4000	¥2850
105 × 105 × 4000	¥4450
28 × 110 × 3000	¥1030
40 × 85 × 3000	¥870
20 × 85 × 3000	¥578
12 × 90 × 4000 × 10枚	¥2180

プレーナー特等

40 × 150 × 2800	¥2750
40 × 180 × 3000	¥3480

米ヒバ
Yellow cedar

90 × 90 × 3000	¥2250
105 × 105 × 3000	¥2990

米ヒバ丸棒

10 × 10 × 1820	¥110
15 × 15 × 1820	¥250
18 × 18 × 1820	¥345
24 × 24 × 1820	¥615
30 × 30 × 1820	¥970
34 × 34 × 1820	¥1250

レッドシダー
Red cedar

柔らかめで加工がしやすい。
耐久性・耐水性に優れる。

クリアー材

14 × 14 × 1830	¥340
10 × 20 × 1830	¥348
20 × 20 × 1830	¥538
8 × 33 × 2000	¥340
8 × 75 × 2000	¥640
17.5 × 89 × 1830	¥1150
17.5 × 140 × 1830	¥1750
38 × 89 × 1830	¥2480
38 × 140 × 1830	¥3700
38 × 38 × 1830	¥1080
60 × 60 × 1830	¥2680
75 × 75 × 1830	¥3830
89 × 89 × 1830	¥5180

セランガンバツ
Selangan batu

20 × 105 × 2000	¥1850
30 × 120 × 2000	¥3080
45 × 90 × 2000	¥3150
90 × 90 × 2000	¥6180

SPF防腐材

2 × 4 (38 × 89 × 3048)	¥800	1 × 3 (19 × 64 × 3660)	¥618
2 × 6 (38 × 140 × 3048)	¥1470	1 × 4 (19 × 89 × 3660)	¥645
2 × 8 (38 × 184 × 3048)	¥2650	1 × 6 (19 × 140 × 3050)	¥1450
2 × 10 (38 × 235 × 3048)	¥3450	1 × 8 (19 × 184 × 3050)	¥2150

DIYが素敵なカフェに行こう！ ❶

ものづくりの特別感を味わえる贅沢、ワクワクさせるサービス。

cafe la famille
カフェ ラ ファミーユ

フランス・ブルターニュ地方の港に近い
廃墟になっていた劇場を改装してカフェにしたという
ストーリーのあるお店。
背景には新しく作った部分も古びた感じに仕上げる、
細部にこだわったモノづくりがあります。
日常を忘れることができる完成度の高い空間が魅力。

郊外にあるカフェにたどりついた人を待ち受けるのは、二つの建物に挟まれた小さな道。ここを歩くうちに、お店への期待が高まる。

枝を使った柵や鶏小屋など、カフェの周りにはDIYのヒントになるものが多く散策するのも楽しい。

丸林佐和子（以下、佐）：私たちがファミーユに初めて来たのは2004年だから、10年以上になります。その間に、ずいぶんいろんなものが増えましたね。

奥澤裕之（以下、奥）：そうですね。カフェの中も、のちのち改装できるように、ノコギリを入れたらパカッと壁がくずれるようなところを何カ所か作っておいたの。今ステージのあるところは、もとは外だったんだよね。

石川 聡（以下、聡）：来るたびにどんどん進化してるから（笑）

奥：たしかにちょっとずつ変化してきたんだけど、自分の絵コンテの中では、ここまでの完成予想図はできていたんですよ。庭を5メートルくらい延ばして、とか。最初にね、30年続けるというプランがあって。それで、15年か20年かけて改装していくつもりだった。短期間でたたんでるお店って、大抵一気に火がついているんです。<u>オープン時が人気のピークだと、それをずっと維持するのは意外にハードなんだよね</u>。だから小出しに改装して、15年でピークにもっていって、15年ゆっくり下がっていけば、30年できるだろうっていう計画で。おかげさまでずっと上がってるんです、ゆるやかなラインだけどね。ただ、15年でいろいろやるはずが、10年でやりたいことをやってしまったので、あと5年をどうやってかせごうって思ってたん

作家の方に製作してもらったテーブル。

オーナーの奥澤裕之さんは、調理から内装工事まですべてを行う。

中に入れば日常とは異なる空間。舞台の荘厳な装飾は、作家の方にイメージを伝えて依頼した。

p.32で作り方を紹介しているオリジナルのDMスタンド。

だけど。今12年経って、庭をまた増やして、イベントを和の感じに持っていったりしてるから、あと2、3年はちょっとお客さんの想定外のことをやっていけそう。
佐：先が長そう！
聡：チェーン店を作る予定はないんですか？
奥：うん、全然。
聡：そう言うと思いました。
奥：お金が必要だったらそれも考えるけど、結局、自分がいたいと思える場所を作ることが目的だから。そんなに物欲もないし。他人に比べると、だよ。
佐：そうすると、何欲なんですか？ このすごい空間を作り上げるものは。
奥：なんとなくマンネリしてきたら、一カ所変えたいなって思う。ただ自分がやりたいからというだけではなくて、これをきっと喜んでくれるだろうなというお客さんが、10人のうち3人いると思えば、やりますね。作れるものは自分で作るし。
佐：自分で作るのは奥澤さんにとって普通のことですか？
奥：父が農家なのでね、なんでも作るんですよ。「スケボー買って」って言ったら、スケボー作ってたからね、親父。それを見てるからかな。
聡：車輪のついた板材……（笑）

奥：そうそう。スケボーを知らない人が作ると、そういうことになるんだけど。「そういうんじゃない」って子ども心に思いました（笑）。ファミーユを建てるのに7〜8カ月かかったんですが、3〜4カ月間大工さんの様子を見ているうちに「こんなことならできそうかな」という感じで。それからかな、自分で作り始めたのは。
とはいえ、はじめから、全部自分でやろうという気持ちではないんですよ。ある程度はプロが作ったもので、これは手作りでもいいか、というのが混在していないと、全部手作りだとままごとみたいになってしまって、幅広い世代に受け入れられないと思ったんです。僕はこういうの（舞台のこと）は、プロに頼みたいんですけど、聡くんは挑戦したがるんですよね。
聡：プロができることは自分にもできるだろうって思っちゃいますね（笑）。
奥：僕の場合は、頼んでもこういうふうにはやってくれないだろうなあと思うものは、自分でやるんです。たとえばあそこにある巨大な3連のスピーカー入れ（舞台左）。大工さんに作ってもらうと、きれいすぎて逆に目立っちゃうだろうけど、お客さんの目に止まらない適当さが必要なので自分で作ったんです。頼んだ方がいいなあというものは分けているんですよね。

舞台の赤と合う色味のソファと、ざっくりと塗られた壁の色が、
元々のイメージカラーのナチュラルブラウンとしっくりくる。

奥：手作りはサイズを自分で細かくできるし、こういうものがないから作っているので、使いやすくできたという満足と、「安くできた」「これ、買ったら○○円くらいしちゃうよね」っていう喜びがありますね。

聡：都会の人の暮らしと、田舎暮らしではずいぶん違うかもしれないですね。田舎では土地が広いから、その広さで何かを他人に頼んでしまうとものすごくお金がかかる。道具をそろえればある程度自分でできちゃうのがわかると、自分でやってしまおうっていう発想になりますよね。

奥：アメリカやヨーロッパでは、窓の手入れなんかも自分でやるじゃないですか。窓のペンキ塗りや家具の修理は、お父さんの仕事。アメリカにはガレージがあるし、ヨーロッパには納屋があって。自分の船の色が赤だから鎧戸も赤に塗ったりして……DIYが日常。見ると、実はそんなに上手に塗れていないんだけど。

聡：マスキングしてないですからね！

奥：そういうラフさがよくて、見に行ってるからね。そんなんでいいんだって。

奥：ここが聡くんと違うんだけど、僕、なんのあてもなく材料を買いに行くんですよ。とりあえず材木置き場に、材料を置いておく。作る時に、あるもので作るのが好き。

佐：それならあの材木置き場が必要ですね。納得。

奥：足がバラバラだろうがなんだろうが、高ささえ合ってればいいので。そこが聡くんとの美的感覚の違いかな。

聡：僕はそういう所も含めてファミーユさんに特別感があると思うんですよね。いまや、机や照明など、おしゃれなものはどこにいても手に入るし、ネットで見て知っているのだけれど、流行っているものを真似したり、通販で見られるもので固められたりすると特別感がなくなってしまう。ものを作るのは、特別感を演出するための手段。だからここは来る価値がある。

奥：結局、ぼくらがワクワクしなかったら、お客さんに伝わっちゃうのでね。夜に来てもらって、お客さんがわあっと喜んだ顔をするだろうなと思って作ったら、楽しい。ここへ誰かを連れて来る人は、相手が喜んでくれるかなとドキドキして。車を降りて、建物を見てワクワク。お料理が出るまでに期待が膨らむ。自分がお客さんだったらどう感じるか。そんな目線でモノづくりをしています。誰しも、見なれたものにはドキドキしないですよね？　こんなものがあったら便利、世の中に見たことがないというものを作って、型をこわしていきたい。

聡：「ドキドキワクワク」がインターネットのせいで減っ

大きいパーゴラを建てたスペースには、ベンチ席が10席あるので、晴れた日には外で飲食をすることもできる。庭はこれから「こんなふうにしたい」というイメージがあるそう。

「木材は、3カ月くらい雨ざらしにしておいて、その材料を使うと、塗料がざらっとするような雰囲気のある仕上がりが楽しめるよ」と奥澤さん。

てしまってるんでしょうね。自分でたどり着いて初めて見られるということが、今は成立しにくくなっています。
奥：たとえば庭の木がどのくらい大きいとか、自分の目で見て経験しないとね。
聡：見飽きたものでは面白くないから、ほかにはないものがある、こういう特別な場所が贅沢だと感じるんですよね。
佐：なにが特別で、このお店に来たくなるのか。秘密はそこなんでしょうね。
奥：ちょっとしたことなんだけどね。ひと手間かけてるんです。聡くんは嫌いだけど、僕はすこし角を丸めてる。
聡：僕も丸めてますよ！（笑）
奥：でもビス穴をほぞで埋めないスタイルなんです。僕だってホントは完璧にやりたいんですよ。でもそこまでやってると時間がないし、手作りだなっていう感じでいいかなと。1本の木を切ったら、それと同じ大きさにすればいいんだよね。だから長さも測らない。
佐：わたしも測らない（笑）。
聡：家具も洋服も、自分に合ったサイズで好きなものを作るのがいいですよね。
奥：そう、そして自分も楽しんで作るのが、一番いいんですよ。

カフェラ ファミーユ
茨城県結城市911-4
tel.0296-21-3559
11：30〜22：00 L.O、
日祝21：00 L.O
木＆第1・3水休

2003年オープン。ヴィンテージ雑貨や作家もののセレクト雑貨があるジェネラルストア、納屋、庭が連なる小さな村のようなカノエ。結城市に根づき、地域ぐるみのイベントも積極的に行なわれている。おいしくてボリュームのある料理は楽しみのひとつ。

Interview with café owner

DIYが素敵なカフェに行こう！❷

ゆるさになごむ
おしゃれを強制しないから
どんな人もくつろげる

Cafe 5040 Ocha-Nova
カフェ オチャノヴァ

子どもたちが学校帰りに寄っていったりする
地域密着型で、親しみのあるお店。
店長の須藤さんがひょうひょうとしていて、
こっちの壁を塗って、あっちは疲れたから塗らない、
っていうノリなんだけど、そのラフさがいいんです。

鉄板を貼ったかつての
小上がり。上の床は、
小学校の教室のような
なつかしい寄せ木のフ
ローリング。

外観はトタンと石張り。L字に貼られた大谷石は購入して大工さんと一緒に積んだ。防火性が高いのでピザ窯にも使われる素材。

丸林佐和子（以下、佐）：「オチャノヴァ」さんには、最初、この近所にアトリエのある友人に連れてきてもらったんですが、すぐに気に入ってしまいました。日中は自宅で作業をして、夜、一日の終わりに来て落ち着ける場所ですね。だから、実は昼間に来るのは今日初めてなんです。

石川 聡（以下、聡）：来た人はすぐに感じられると思うのですが、完璧に作り込んでいないところがいいと言うか、いい意味でのユルさがある（笑）。オシャレ過ぎるとかしこまってしまって、疲れちゃうってことってないですか？そういう意味での余白みたいなものがあって、ゆったりと過ごせるんです。

須藤高揚（以下、須）：ありがとうございます。いつも夜にいらしていただいてるので、昼間に来てあらが見えないかとヒヤヒヤしていました（笑）。

聡：あえて洗練させないというストッパーがどこかで働いてる気がする（笑）。

須：そうですね（笑）。基本的に古いものや古いお店が好きなんですけど、思い描いているイメージを実際に僕が作ったら「こうなっちゃいました」っていうのが答えかもし

黒板にはめかえた引き戸。黒板は前後に2枚入っていて、夏場は開けているが、冬には閉めることもできる。ユニークなアイデアをそこかしこで見つけることができる。

取材中も終始笑いが絶えない。須藤さんの飾らない人柄もオチャノヴァの魅力のひとつ。

引き戸の多さはこのお店の特徴のひとつ。すべて譲り受けたものながらも、取り替えたガラスとペイントによって不思議な統一感を出している。

れないです。もっとシンプルにしたいな、とか、他のお店を見て、これもいいな、とか思うんですけど、結果的にこうなっちゃう。
全員：あははは（笑）。
須：でも、とりあえずやってみるって重要だと思うんですよね。僕もやってしまって失敗したことや、「ここはこうしなきゃよかった」ってこともあるけど、やらないと何も始まらないし、自分でやると失敗にも愛着が沸くんです。ときには、何が作りたいとかじゃなくて、使ったことのない工具を使ってみたくて作るなんてこともあります。
佐：それ、すごくわかる。ホームセンターとかに行って、新しい工具が出てたりすると、どうやって使うんだろう？　何かに使えないかな？って考えちゃう。
聡：とりあえず、試したくなるよね。
須：材料でもそんなことないですか？
佐・聡：あるある（笑）。
須：うちのお店の真ん中に少し床が高くなっている部分があるんですけど、その土台になっている鉄板の枠も、鉄を使ってみたくてやりました。すご〜く大変でしたけど（笑）。

聡：外とかの雨風が当たる場所で、木材だと腐ってしまうから鉄を使うとかはありますけど、確かに、これを見たときは「なんで？」って、思いました。
須：僕も今「なんで？」ってきかれたら、答えられないです（笑）。そこはもともと居酒屋時代に小上がりとして使われていた場所で、それを壊して今の高さにして、床を張り替えたんです。枠は木材でもよかったんですけど、やりたくなっちゃって鉄板に。鉄をたたいて曲げて貼っていく作業は、疲れるし、うるさいし、オススメしません（笑）。無垢のものが好きで。とにかく鉄と木。
佐・聡：鉄と木！いいですよね。

＊

佐：2階の階段につけているタイル、かわいいですね。
須：片側はタイル貼りなんですが、もう反対側はめんどくさくなってペンキで塗りました。またやればいいかなと思って。
佐：たぶんもうやらないと思う。ふふふ（笑）。
聡：この適当さ。カフェをやりたい人にも勇気がわくお店です（笑）。

DIYが素敵なカフェに行こう！ ❷

手前のカウンターテーブルは家具に使われていた板を再利用した。必要に応じて折りたたむことができる。

聡：須藤さんはもともとモノづくりに興味があったんですか？

須：父親が作ることが好きだったので、その影響はあるかも。父方の祖父が自分で家を建ててしまうような人で、遊びにくると畳をフローリングに替えてくれるという……。聞いたらおじいちゃんが建てた家が近所に何軒かあるそうです。

佐：うちと近い感じだ。

須：実家に帰ると「こんなのお店で見たことないな」っていう家具があるんですが、大体それは父か祖父の手づくりなんです。そんなこともあってか、売ってるものを見て買おうとはあまり思わなくて、「これ、自分で作ったら楽しいな」って思うことが多いんですよね。

佐：ここに来ると、私たち以上に自由に作ってらっしゃる感じがする。作っていて楽しそうだし、それを見ていて楽しいんです。

須：作り方を見て、その通りにやるより、自分の感性半分で作った方が楽しいですよね。だからこのお店の内装を作るときも、工務店に頼むっていうのは最初から考えてなかったんですよ。まあ、知らなかっただけなんですけど。

佐・聡：ええーっ！　本当に？

須：初日はどうしようか途方にくれました。前の人が全部壊していたので、とりあえずやらなきゃと思って……。とにかく毎日のようにホームセンターに通いながら、奥の小部屋から一部屋ずつ作って、半年くらいかけてようやく形になりました。

聡：でも、半年でここまでできるなら、これから始める人も夢が持てますよ。

須：二階だけあとから作ったんです。もともと二階は居住スペースだったんですが、知人がいい感じの階段を捨てるというので譲り受けて。実は、その階段は「ファミーユ」の奥澤さん（p.152）が先に欲しいっておっしゃってたんですけど、別のものを入手されていたということで、運よく、僕がもらえることになったんです。設置には、さすがに大工さんを呼んで、一緒に二階の床に穴をあけて、そこに階段をはめて、今のスペースができました。階段を見ると、ちょうどいい高さで、昔の建物に合うんですよね。

聡：鉄筋部分は増築したんですね。アールの壁（p.159右）もあとから作ったんですよね？

須：電気の配線がすごかったので、どうやって塞ごうかって思ったんですが、結局こうなったんですよね。

聡：いきなりの高等テクニックですよね！　窓をつけたり、アールの壁にしたり。

佐：アールの付け方を知ってたんですか？

須：そこはさすがに板材を一応大工さんに聞いて、一緒にやりました。道具もなかったので借りたりして。

（上）かつて住居に使われていた２階部分。天井は低いけれど、座ってみるとちょうど落ち着く高さ。（下）左だけが張られたタイル。無理しないスタイルが、来た人をなごませる。

壁から天井にかけてアールを描いている。

聡：完璧に、オシャレに作りこまない、その潔さに魅力を感じちゃったんですよね。ああ、こういう感じでいいんだ、と。天井の高さなんかに、それがにじみ出てる。自分でカフェを作りたい人に、なにかアドバイスがあったら聞かせてくれませんか？

須：自分がお客さんとして一人で来たときに、ここへ座ったらどうかなと想像しながら何度も座ってみて、テーブルと椅子と照明は、高さなどを調節していますね。あくまで自分なりになんですけど、お客さん目線でやろうと心がけて、席を作る時も、ほかのスタッフにも座ってもらって、隣との距離はどのくらいだったら、気にならないか、とか考えながら配置して。ごちゃごちゃっとしているけど、気にならないように、ときどき片づけたりもしてるんです（笑）。

佐：今後はどんなことをしていきたいですか？

須：ものの面白さを伝えていけたらなあと思ってます。古河じゃないところでもう一軒カフェができてもいい。どこか少し遠い場所でお店をできたら、古河のお店にも来てくれるようになるだろうし、古河のためになるかなあと。あと、将来的には自分で焙煎ができるようになって、散歩してる人にあげたいな。

佐・聡：ええーっ！（笑）

古材を使ってざっくりと手作りしたペーパーホルダー。

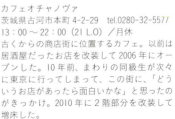

カフェオチャノヴァ
茨城県古河市本町4-2-29　tel.0280-32-5577
13：00〜22：00（21 L.O）／月休
古くからの商店街に位置するカフェ。以前は居酒屋だったお店を改装して2006年にオープンした。10年前、まわりの同級生が次々に東京に行ってしまって、この街に、「どういうお店があったら面白いかな」と思ったのがきっかけ。2010年に２階部分を改装して増床した。

Interview with café owner

丸林さんちの活動

石川聡と丸林佐和子の木工造形ユニット。2008年に丸林さんちの小屋作り日記を雑誌「自給自足」(地球丸)で連載をスタート。その後、新宿OZONEでの展示会や、岡崎製材「WOOD JOB」で作品の通信販売、「Men's Lee」「フェリシモ」「すごい文房具デラックス」など雑誌媒体での作品掲載ほか、テレビ・ラジオ出演、イベント・書店での木工ワークショップなど様々な活動を展開している。現在「ログハウスマガジン」(地球丸)で連載中。
著書に『丸林さんちの手作り家具帖』、『丸林さんちの手作り家具帖2 カフェスタイルな、お部屋改装術』『丸林さんちの机の上の小さな家具帖』(以上、メディアファクトリー)、『丸林さんちのはじめての家具づくりレシピ』(パイ インターナショナル)がある。

石川 聡 (いしかわさとし)

多摩美術大学卒業。(株)手塚プロダクションでアニメーターとして勤務。その後デザイナーに転身し、不二家・ペコちゃん、ディズニー、コカコーラなどのグッズデザイン、ビジュアルイラストを手がける。現在はインターネットサービス会社でキャラクターキービジュアル、漫画、アプリ製作やネイティブゲームなど幅広く手がけている。休日のみ木工家&ハウスビルダーとして製作活動を行う。

丸林佐和子 (まるばやしさわこ)

多摩美術大学卒業。造形作家。Eテレ図工番組『キミなら何つくる?』造形スタッフ、『こどもちゃれんじぽけっと』(ベネッセ)の工作あそびの監修、雑誌での連載、工作キットのアイデアなどに関わる。工作の本として『はじめてのこうさく』『1ねんきせつのこうさくあそび』(以上、ポプラ社)、『リトルスペース〜ダンボール、木材、布で手作りする、居心地のいい「こどもハウス」とご機嫌な「宝物」〜』(PARCO出版)など書籍多数。全国で、こども工作ワークショップなども展開中。

丸林さんちのヴィンテージスタイルな家具と庭づくり

2017年4月11日 初版第1刷発行

著 者	石川 聡 丸林佐和子
発行者	澤井聖一
発行所	株式会社エクスナレッジ
	〒106-0032 東京都港区六本木7-2-26

問い合わせ先
編集 Tel:03-3403-6796 Fax:03-3403-0582 info@xknowledge.co.jp
販売 Tel:03-3403-1321 Fax:03-3403-1829

<無断転載の禁止> 本誌掲載記事(本文、図表、イラストなど)を当社および著作権者の承諾なしに無断で転載(翻訳、複写、データベースへの入力、インターネットでの掲載など)することを禁じます。